AF290769

Bibliografische Information der Deutschen Nationalbibliothek:

Die Deutsche Nationalbibliothek verzeichnet diese Publikation in der Deutschen Nationalbibliografie; detaillierte bibliografische Daten sind im Internet über http://dnb.d-nb.de abrufbar.

Impressum:

Copyright © 2016 Studylab

Ein Imprint der GRIN Verlag, Open Publishing GmbH

Druck und Bindung: Books on Demand GmbH, Norderstedt, Germany

Coverbild: ei8htz

Sören Mandel

Sexismus im HipHop

Wie äußert sich Sexismus im deutschen Rap?

2015

Inhaltsverzeichnis

Abstract

In dieser Bachelorarbeit geht es um Sexismus im HipHop, genauer gesagt, geht es um die Frage, ob und wie sich Sexismus innerhalb der Szene unterscheidet. Dazu wird unterschieden zwischen ‚gutem‘, also gesellschaftlich anerkanntem Rap und ‚schlechtem‘, also gesellschaftlich nicht anerkanntem Rap. Der zweite ist bekannt für ein hohes Maß an Sexismus, dadurch sollte man davon ausgehen, dass dies im ‚guten‘ eben nicht der Fall ist. Um dies herauszufinden, wird zu Beginn HipHop als Kulturform erörtert, um ein Verständnis dafür zu schaffen. Daraufhin wird sich mit Sexismus und geschlechtsspezifischen Rollenbildern beschäftigt um deutlich zu machen, um was es sich dabei behandelt und was dabei beachtet werden muss. Daraufhin werden diese beiden Themen zusammen geführt und beschrieben, was dazu bisher bereits rausgefunden wurde. Der Forschungsstand beschreibt Rap insgesamt als sehr sexistisch, aufgrund eines veralteten Frauenbildes und der Erniedrigung von Frauen. Abschließend werden mit Hilfe der Sequenzanalyse zwei Songtexte verglichen, die jeweils einer der zu Anfang genannten Formen zugeschrieben werden können. Hier zeigt sich, dass Sexismus nicht nur im ‚schlechten‘, sondern auch im ‚guten‘ Rap existiert, wenn auch in etwas anderer Form. Im ‚schlechten‘ Rap offenbart sich Sexismus durch die Begrifflichkeiten, während er im ‚guten‘ besser versteckt ist und in der Narration zu finden ist.

This Bachelor Thesis is about sexism in HipHop and how it differs in different subgenres. There are mainly two forms of HipHop, on one hand there is the ‘good’ rap, which is accepted by society and on the other hand there is ‘bad’ rap, which is not. The second form is famous for being sexist, what leads to the assumption, that there is no sexism in the first one. To find out more about that, at first I will explain, what’s important about HipHop. Then I am going to take a look at sexism and gender roles, to find out, what are the important aspects of that. After that, these two topics will be brought together and I will take a look at the current state of research. All in all, rap music is described as sexist, old gender roles are being (re-)produced and women get demeaned. At the end I will interpret two song texts, one each for the different forms of HipHop. For that I am going to use the method of sequence analysis. The results show, that there is sexism in both, ‘bad’ and ‘good’ rap, but still there are differences. It is mainly the brutal language in ‘bad’ rap that makes it more obvious, sexism in ‘good’ rap is more hidden and also there is not as much of demeaning of women as in ‘bad’ rap.

1. Einleitung

Deutschrap boomt. Ein Blick in die Charts zeigt, dass deutschsprachiger Rap die Top 100 Album-Charts zu einem nicht unwesentlichen Teil bestimmt. (vgl. chartsurfer.de 2015) Sehr viele Jugendliche sind Fans oder produzieren gar selbst Rap Musik. Rap findet Verwendung in der Jugendarbeit, im Radio ist Rap keine Seltenheit mehr und im Feuilleton wird regelmäßig über die Szene berichtet. Eine neuere Entwicklung ist, dass teilweise auch Vertreter des Gangsta Rap positive Rezensionen von etablierten Medien erhalten. So wurde zum Beispiel der Offenbacher Gangsta Rapper *Haftbefehl* von der *Zeit* zum „deutsche[n] Dichter der Stunde" (Haas, 2014) gekürt. Jedoch bleibt dies mehr oder weniger die Ausnahme, zumeist wird der Gangsta Rap, als sexistisch, homophob, gewalt- und drogenverherrlichend beschrieben und gilt allgemein als ein negativ zu bewertendes Phänomen. (Hamburger Abendblatt: 2013; Kreitewolf: 2014; Richter, 2008) Auch im Radio ist von Gangsta Rap, unabhängig vom Bekanntheitsgrad der Rapper, wenig zu hören. Grund dafür ist wahrscheinlich ein ethischer Gedankengang, demzufolge man die Zuhörer vor den zuvor genannten, negativ bewerteten Aspekten, wie beispielsweise die Drogenverherrlichung, bewahren will. Es besteht ja auch immer die Möglichkeit, dass Kinder, welche sich von den Texten inspirieren lassen, zuhören. Von einem großen Teil der Gesellschaft wird also sehr strikt unterschieden zwischen unterschiedlichen Formen des Rap, auch wenn sich bei jugendlichen Fans fast alle Subgenres großer Beliebtheit erfreuen. Innerhalb der Szene entstehen unzählige Kollaborationen zwischen unterschiedlichsten Rappern, beispielsweise existiert ein gemeinsamer Song des bereits erwähnten Gangsta Rapper *Haftbefehl* und dem wohl derzeit erfolgreichsten, als soft und freundlich geltenden Rapper *Cro*. (vgl. Psaiko. Dino feauring Cro und Haftbefehl – 8km/h) Wenn die Berührungsängste innerhalb der Szene also so gering scheinen, stellt sich die Frage, ob die Werte und Einstellungen der Rapper sich so sehr voneinander unterscheiden.

Die strikte Trennung in den Augen der Gesellschaft, von Stephanie Grimm mit ‚guter' und 'schlechter' Rap betitelt, legt nahe, dass die negativen Ausprägungen sich auf eine bestimmte Gruppe von Rappern beschränken. (vgl. Grimm 1998: 72) Es ist also zu vermuten, dass der ‚schlechte' Rap voller Sexismus und Gewalt ist, während dies beim ‚guten' vollkommen ausbleibt. Grob gesagt, ist der ‚schlechte' mit Gangsta Rap und der ‚gute' mit allem was nicht Gangsta Rap ist, gleichzusetzen, jedoch werde ich darauf später genauer eingehen. Diese Unterscheidung zwischen zwei Formen des Rap soll als Grundlage für diese Arbeit dienen, denn was mich interessiert, ist, ob und in wie fern sich Sexismus in diesen beiden Formen äußert. Werden ganz unterschiedliche Frauenbilder (und vielleicht auch Männerbilder) präsentiert? Zeigen sich Sexismen unterschiedlich stark oder auf unterschiedliche Weise? Gibt es Parallelen, wenn ja welche?

Speziell die Frage nach Sexismus im Rap halte ich für interessant, da momentan feministische Theorien und diverse Genderthematiken eine gewisse Popularität erfahren, Sexismus sich trotzdem immer noch durch viele gesellschaftliche Bereiche zieht und und gerade im HipHop immer wieder Thema ist. Außerdem hat Rap einen sehr hohen Stellenwert im Leben vieler Jugendlicher, da ist es wichtig sich mit der Thematik zu befassen, denn die Zeit der Jugend ist bestimmt vom Prozess der Identitätsfindung und in dieser Zeit spielen vorgelebte Werte auch eine große Rolle. Nach der Aufarbeitung des bisherigen Forschungsstandes will ich dann mit Hilfe der Sequenzanalyse jeweils einen Songtext von Vertretern der beiden Gruppen untersuchen um herauszufinden, ob und wie Sexismus sich jeweils manifestiert.

2. HipHop

Ich beginne die Arbeit mit einer Aufarbeitung der HipHop-Szene. Dies soll dazu dienen, ein Grundverständnis für diese Jugendkultur zu schaffen. Man sollte wissen, wo sie herkommt, wie sie entstanden ist, welche Entwicklungen entscheidend waren und zu welchen Eigen- und Besonderheiten diese führten. Somit soll ein Bewusstsein für die Charaktereigenschaften von HipHop und Rap geschaffen werden. Da HipHop allgemein als eine Jugendkultur gilt, wird zu Anfang dieser Begriff näher erläutert, um daraufhin mit den historischen Entwicklungen, von den Anfängen in den USA bis zu dem heutigen Stand in Deutschland, fortzufahren. Hier sollen wichtige Aspekte dieser Jugendkultur klar werden und, vorbereitend auf folgende Kapitel, mögliche Ursachen für das hohe Maß an Sexismus betrachtet werden.

2.1. Begriffserklärung: Jugendkultur

Die Erläuterung des Begriffs der „Jugendkultur" halte ich darum für essenziell, weil schon dadurch deutlich werden wird, welch hoher Stellenwert eine solche Kultur im Leben von jungen Menschen einnehmen kann.

HipHop wird allgemein als eine Jugendkultur bezeichnet, was vermuten lässt, dass HipHop nicht nur die Kombination von Musik, Tanz und Graffiti ist, der Begriff der „Kultur" weist darauf hin, dass, wie gesagt, HipHop im Leben der Mitglieder eine besondere Rolle spielt. (vgl. Friedrich, Klein 2003: 99)

Der Begriff der ‚Jugendkultur' teilt sich auf in den der Jugend und den der Kultur. Die Jugend bezeichnet in erster Linie eine ungefähr bestimmte Zeitspanne im Leben eines Menschen. Als grobe Anfangs- und Endpunkte können die Entwicklung einer sexuellen Reife und die Gründung einer Familie betrachtet werden. Die Jugend stellt nicht nur eine Übergangszeit zwischen dem Kind- und dem Erwachsensein dar, sie definiert sich als eigenständige Lebensphase, welche sich durch eigene ‚Lebensvollzugsformen' von anderen Lebensphasen abgrenzt. (vgl. Peschke 2010: 14) Während der Jugendzeit findet und entwickelt man nach und nach eine eigene Identität, hierzu werden über die Jahre hinweg die Fähigkeiten der Selbstwahrnehmung, der Selbstreflexion und der Selbstbewertung entwickelt. Die Identität eines Menschen zeichnet sich dadurch aus, dass über einen längeren Zeitraum hinweg das Selbsterleben konstant bleibt. (vgl. Peschke 2010: 20) (Dies soll natürlich nicht bedeuten, dass der Prozess der Identitätsfindung mit dem Beginn des Erwachsenseins komplett abgeschlossen ist, natürlich entwickelt sich die eigene Identität immer weiter, sie verfestigt und verändert sich fortwährend bis ins hohe Alter.)

Die Bedeutung von ‚Kultur' ist ein wenig schwerer zu fassen. Eine eng angelegte Definition des Kulturbegriffs meint die sogenannten ‚Schönen Künste', Kultur und Kunst sind hier im Grunde gleichbedeutend. (vgl. Peschke 2010: 26–27) Ein weiter gefasster Kulturbegriff meint „alles nicht Biologische in der menschlichen Gesellschaft. Oder, anders gesagt: Kultur ist die Summe aller Institutionen, Bräuche, Werkzeuge, Normen, Werteordnungssysteme, Präferenzen, Bedürfnisse usw. in der menschlichen Gesellschaft." (Schwendter 1993: 10) In Bezug auf Jugendkulturen sind moderne Medien, Trends wie Mode, Musik, Konsum und Verortung essenzielle Aspekte. Des Weiteren kann sich eine Jugendkultur stärker und eigenständiger entwickeln, je höher die Kontaktdichte unter Gleichaltrigen ist und sich diese Jugendlichen möglichst abgegrenzt von Kultur und Gesellschaft der Erwachsenen bewegen. Somit entstehen eigene Werte, Zielsetzungen und Verhaltensmuster, welche sich von denen der Erwachsenen unterscheiden. (vgl. Peschke 2010: 27–29) Musik ist ein maßgeblicher Bestandteil von Jugendkulturen, das zeigt sich daran, dass sich die größten Jugendkulturen in der Regel als Musikszenen konstituieren. Die Identifikation mit einer Musikrichtung ist für Jugendliche oft elementar und steht auch für eine bestimmte Art der Lebensführung. (vgl. Peschke 2010: 49) Der Aspekt der Identifikation mit der Musikrichtung spielt im HipHop eine große Rolle, es wird eine klare Grenze gezogen zwischen den Mitgliedern und der Außenwelt. Eigene Werte und Normen formen sich innerhalb der Szene. Grimm betont, dass in einer Jugendkultur die Abgrenzung zur Populärkultur ein wichtiges Element sei, jedoch Jugendkulturen oft eine große Breitenwirkung hätten und Elemente in die Populärkulturtransportiert würden. (vgl. Grimm 1998: 25) Auch dies lässt sich gut an der HipHop-Szene erkennen, wo Rapper ab einem bestimmen Bekanntheitsgrad Gefahr laufen, von ursprünglichen Fans, aus Abneigung gegenüber dem Mainstream, gemieden zu werden. Bezüglich der Elemente, welche in die Populärkultur getragen werden, ist HipHop auch ein sehr passendes Beispiel, beispielsweise die Technik des „Sampling", welche ihren Ursprung im HipHop hat, hat sich in der Popmusik weit verbreitet (vgl. Friedrich, Klein 2003: 12) und auch in Bezug auf Sprache, finden unterschiedliche Szenebegriffe immer wieder den Weg in die Sprache abseits von HipHop.

Wir wissen nun also, dass HipHop im Leben von jungen Menschen eine sehr große Rolle spielen kann, die Zeit der Jugend ist oft völlig vereinnahmt von einer Szene, der man sich zuwendet und die beschriebenen eigenen Werte und Normen können somit großen Einfluss auf Mitglieder der Szene haben.

2.2.   Geschichte und Charakter des HipHop

Nun will ich die historischen Entwicklungen des HipHop genauer darlegen, da man, um eine Sache tiefergehend zu verstehen, die Entwicklung und deren Besonderheiten kennen sollte. Um HipHop und schlussendlich auch dessen immanenten Sexismus begreifen zu können, werde ich anfangen mit der Entstehung der Szene, fahre fort mit den weiteren chronologischen Entwicklungen, erläutere dabei, was HipHop ausmacht, wie beispielsweise die „vier Elemente", folge dann, im Zuge einer internationalen Verbreitung der Jugendkultur, nach Deutschland, wo die historischen Entwicklungen angerissen werden und Besonderheiten der deutschen HipHop und Rap Szene deutlich werden sollen. Abschließend wird der, als besonders sexistisch geltende, Gangsta Rap genauer unter die Lupe genommen um alle, für die Fragestellung wichtigen Faktoren deutlich zu machen.

2.2.1. Die Entstehung des HipHop

Begonnen hat die Entwicklung des HipHop in dem New York der 70er. Genauer gesagt war es im Stadtteil Bronx, der zu großen Teilen von einer afroamerikanischen Bevölkerung bewohnt wurde und ärmer, als beispielsweise Manhatten war.

Aufgrund mangelnder finanzieller Möglichkeiten war es dem Großteil der schwarzen Jugendlichen in der Bronx verwehrt, in die teuren Diskotheken zu gelangen. Da Not bekanntermaßen erfinderisch macht und der Wunsch nach Musik und Tanz vorhanden war, fingen die Jugendlichen an, „in Hinterhöfen, verlassenen Fabrikhallen und im Sommer am liebsten im Park" (Androutsopoulos 2003: 140) sogenannte Block Partys zu feiern. Hierzu brachten die DJs ihre Soundsysteme mit, der benötigte Strom konnte vom öffentlichen Stromnetz abgezapft werden und schon konnte ausgelassen eine Party gefeiert werden. (vgl. Androutsopoulos 2003: 140)

Die Musik, die gespielt wurde, war ähnlich, wie in den Clubs, also größtenteils Disco und Funk, doch kristallisierte sich heraus, dass es ganz bestimmte, nur kurz andauernde Passagen waren, die dem Publikum am meisten zusagten: Die Breaks. Ein Break zeichnet sich dadurch aus, dass meist nur das Schlagzeug und eventuell noch der Bass spielen.

Diese Innovation war der erste Schritt, weg von bereits bestehender Musik und in Richtung HipHop. Somit begann die Entwicklung des DJing und darauf folgten weitere innovative Techniken an den Plattenspielern. Durch immer mehr Tricks, wie zum Beispiel dem Scratching trat der DJ immer mehr in den Vordergrund der Partys. Die DJs versuchten sich mit ihren Tricks und Spielereien immer weiter gegenseitig zu übertreffen, was das Publikum so sehr faszinierte, dass es fortan weniger tanzte und viel mehr staunend um den DJ herum stand. Natürlich war dies nicht im Sinne der DJs, die ja eigentliche das genaue Gegenteil zum Ziel hatten.

Auch zwischen diesen geschwätzigen Jungs formte sich der Wettbewerb-Gedanke und sie versuchten sich gegenseitig mit ihren Texten und Geschichten zu übertreffen. So entwickelte sich aus Ihnen nach und nach das, was wir heutzutage unter einem Rapper verstehen. Die Aufmerksamkeit des Publikums verschob sich nun immer mehr vom DJ zu den Rappern, welche bald gänzlich im Mittelpunkt der Veranstaltungen standen. (vgl. Peschke 2010: 67)

Der Ursprung des Begriffs „HipHop" ist keine eindeutig geklärte Sache, sicher ist nur, dass „Hop" eine Bezeichnung für die Tanzpartys war. „Hip" hat unterschiedlichen Quellen zufolge die Bedeutung, des Wettstreits, des Angesagt seins oder auch des Auf- und Abhüpfens auf den Tanzveranstaltungen. Es lässt sich nicht eindeutig sagen, welche Definition die richtige ist und wahrscheinlich liegen alle mit ihren Meinungen zu einem gewissen Grad richtig. (vgl. Verlan, Loh 2002: 14) Jedoch lassen die Diskussionen durchscheinen, welch unterschiedlichen Aspekte elementar sind für HipHop: Wettstreit, Party, Tanz und zu wissen, was im Trend liegt.

2.2.2. Die 4 Elemente

HipHop wird zwar häufig als Synonym für Rapmusik verwendet, meint jedoch ursprünglich viel mehr. HipHop beschreibt eine Sub- und Jugendkultur, welche ihre eigenen Codes, Rituale und Verhaltensweisen hat. Außerdem werden immer wieder die vier Elemente des HipHop beschworen, bei denen es sich um Rap, DJing, B-Boying und B-Girling (Breakdance) und Graffiti handelt.

Wie schon beschrieben wurde, kommt dem DJing eine besondere Bedeutung zu, da es sozusagen den Startschuss für die Entstehung des HipHop gab. Die Musikstücke an sich gerieten nach und nach in den Hintergrund und die Fähigkeiten der DJs bezüglich des Mixing (das reibungslose Überleiten vom einen zum nächsten Stück) und des Scratching traten in den Vordergrund.

Der Breakdance entwickelte sich aufgrund der zuvor beschriebenen Breaks, welche von den DJs forciert wurden. Diese brachten den neuen Tanzstil mit sich, welcher sich zunehmend durch ein hohes Maß an Akrobatik verkomplizierte. Der Breakdance folgt bestimmten Grundschritten, mit denen er in der Regel beginnt, um dann nacheinander die komplizierten Figuren mit in die Bewegungen einzubauen. „Die Figuren bestehen vorrangig aus Drehfiguren und Pirouetten, die auf dem Kopf, den Händen, den Schultern und den Knien ausgeführt werden." (Peschke 2010: 63)

Das dritte Element ist das, in großen Städten, immerzu präsente Graffiti. Zahlreiche Hauswände und Mauern dienen den ‚Writern' als Leinwände, sie sind verziert von pompösen ‚Bombings' und unzähligen ‚Tags'. Graffiti ist in erster Linie Selbstzweck, es geht selten darum, eine Botschaft zu übermitteln, außer Werbung für sich selbst zu machen, weswegen meist einfach der eigene (Writer-)Name geschrieben wird. (vgl. Peschke 2010: 58)

Das bekannteste und vor allem heutzutage relevanteste Element des HipHop ist jedoch der Rap. Das besondere an Rap im Vergleich zu Gesang ist das Fehlen einer Melodie und der dadurch verstärkte Fokus auf Rhythmus und Text. Rap bietet die Möglichkeit, viel mehr Worte in kürzerer Zeit unterzubringen, da keine Töne gehalten werden, dadurch treten der Inhalt und die Sprache stärker in den Vordergrund. (vgl. Peschke 2010: 67) Ein Rapper muss gut mit seine Stimme umgehen können und wissen, wie er Worte betont und ausspricht, nur so kann er einen guten ‚Flow' haben. „Flow meint die Fähigkeit des Rappers, gereimte Sprache rhythmisch gekonnt zu gestalten und verweist auf die eminente Wichtigkeit des Rhythmus für die Produktion und Rezeption des Rap" (Hörner, Kautny 2008: 11)

Was alle der Elemente innehaben ist der Wettkampfcharakter, welcher im Hip-Hop eine große Rolle spielt. (vgl. Seewald 2003:21) „Wettbewerb war das Herz des HipHop, sein Prinzip." (Toop 1992: 22) Die DJs versuchen sich gegenseitig mit besonders komplizierten Techniken und Schnelligkeit zu überbieten und außerdem die rarsten Platten zu finden und besitzen. Bei den Rappern wird versucht, schneller zu rappen, interessantere Wortspiele zu benutzen oder kompliziertere Reimschemata zu verwenden. Selbiges ist beim Breakdance zu beobachten, wo versucht wird, sich schneller zu drehen, ausgefallener zu bewegen oder sich in einer der zahlreichen Unterdisziplinen zu behaupten. Auch beim Graffiti ist der Wettbewerb immanent, verschiedene Sprayer-Crews versuchen sich beispielsweise in der Größe gemalter Bilder oder Ausgefallenheit der Orte zu überbieten und es werden auch regelmäßig Werke gegnerischer Graffiti-Crews mit eigenen ‚gecrosst', also übermalt. (vgl. Loh, Verlan 2002: 57) Den Wettbewerbsgedanken des HipHop hat Afrika Bambaataa, welcher als Jugendlicher Mitglied einer Gang war, positiv genutzt. Der Gang kehrte er, aufgrund des hohen Maßes an Gewalt, den Rücken und gründete daraufhin die Zulu-Nation. Dieser, bis heute existierende Zusammenschluss von HipHoppern folgt den Idealen der Gewalt- und Drogenlosigkeit, der gegenseitigen Hilfe und des Respekts. Ein maßgeblicher Aspekt war auch, Konflikte untereinander gewaltlos, nur mit den Mitteln des HipHop, zu lösen. Somit wurden Streitigkeiten oftmals mit Hilfe von beispielsweise Rap- oder Breakdancebattles gelöst. (vgl. Loh, Verlan 2002: 58; Peschke 2010: 69-70) Diesem positiven Effekt steht aber die Überlegung gegenüber, dass der Battlecharakter eventuell Ursprung der als negativ empfundenen Aspekte des HipHop sein könnte. Vielleicht sind der Sexismus und die Gewaltverherrlichung, welche im Rap stattfinden zu einem großen Teil darauf zurückzuführen, dass eben immer weiter versucht wird, sich gegenseitig zu überbieten und erniedrigen. Aus diesem Wettkampfgedanken heraus, folgen somit Grenzüberschreitungen in jegliche Richtungen, eben auch bezüglich menschenverachtender Aussagen.

Genauso wichtig wie der Battle-Gedanke, ist der eigene ‚Style', man kann auch auf Dauer keine Battles für sich entscheiden, wenn man den nicht hat. In jedem der vier Elemente ist er essenzieller Bestandteil. Es geht darum, innovativ zu sein und eigene Ideen zu haben. Mehr noch als in anderen Musikrichtungen scheint der Aspekt zum Tragen zu kommen, bezogen auf Rap hängt das wahrscheinlich auch damit zusammen, dass die Persona des Rappers viel mehr im Vordergrund steht, als es bei anderen Genres der Fall ist. (vgl. Peschke 2010: 78) Wodurch sich der eigene Style auszeichnet kann ganz unterschiedlich sein.

Im Rap kann es zum Beispiel einfach eine markante Stimme, eine besondere Wortwahl oder auch die Fähigkeit besonders schnell zu rappen, sein. So können aber auch besonders sexistische Texte ein persönliches Merkmal sein, sofern daraus eine neuartige Grenzüberschreitung entsteht. (vgl. Peschke 2010: 80–81) Somit kann dieser Aspekt – im Zusammenspiel mit dem Wettkampfcharakter – ursächlich sein für das hohe Maß an Sexismus. Der Zwang zum individuellen Stil fordert die Suche nach immer neuen Nischen und kann eben auch immer extremere Aussagen mit sich bringen.

2.2.3. Der Aufstieg des HipHop

Groß wurde HipHop mit dem Lied „Rapper's Delight" der *Sugarhill Gang* im Jahr 1979. Dies war das erste HipHop-Lied, welches es in die Charts schaffte und Bekanntheit über die Szene hinaus erlangen konnte. Einem großen Teil der ursprünglichen Szene missfiel der Erfolg der *Sugarhill Gang* jedoch, da die Band nicht auf „natürliche Weise" aus ihr heraus entsprang, sondern Produkt eines Castings war und somit als nicht authentisch galt „Die Reaktion der Hip-Hop-Gemeinde lag zwischen Verachtung und dem Wunsch, bei dieser neuen Entwicklung dabei zu sein." (Toop 1992: 23) Da die, mit dem Begriff „Realness" umschriebene Authentizität im HipHop von Beginn an eine große Rolle spielte, fühlte die Szene sich gewissermaßen hintergangen. Nichtsdestotrotz begann ab diesem Zeitpunkt HipHop an Popularität und kommerzieller Relevanz zu gewinnen. „In den frühen Achtzigerjahren erging es HipHop wie so vielen anderen Jugend- und Musikkulturen davor: HipHop wurde Trend." (Loh, Verlan 2002: 41) HipHop und insbesondere Rap erhielt Aufmerksamkeit im ganzen Land und nach und nach auch weit über die Grenzen der Vereinigten Staaten hinweg.

Mit dem Lied „The Message" von Grandmaster Flash kam es zu einer inhaltlichen Veränderung, neue Themen wurden behandelt. Wo es zuvor hauptsächlich um Party ging, wurden nun auch die Lebensumstände im Ghetto und sozialkritische Themen zum Textinhalt. So war ein ständiges Thema der Rassismus, den die Protagonisten oft erfuhren. (vgl. Loh, Verlan 2002: 41) Rap begann also inhaltlich diverser zu werden, ganz unterschiedliche Themen wurden innerhalb der Musik behandelt. Der kommerzielle Erfolg von HipHop führte zu einer Perspektive für die mittellosen Jugendlichen. Plötzlich gab es einen Ausweg aus dem harten Leben im Ghetto, viele hofften, mit HipHop reich und berühmt zu werden.

Wie eben erwähnt, spielt die Authentizität im HipHop eine große Rolle. Ist das Verhalten eines Rappers unglaubwürdig und passt seine Biografie nicht zu seinen Erzählungen in den Texten, kann dies der Karriere des Rappers schaden. Jedoch ist ebenso klar, dass Rap von starker Übertreibung lebt. Nun stellt sich die Frage, wie dies zusammenpasst, auch bezüglich der Frage nach Sexismus im HipHop, ist dies von Bedeutung, denn es ergibt sich die Frage, wie wörtlich die Texte zu verstehen sind. Wenn ein Rapper nun massiv sexistische Inhalte präsentiert, kann man dann darauf schließen, dass dies seinen Charakter und seine Meinung widerspiegelt oder sind die Aussagen nicht so sehr auf die Goldwaage zu legen? Der HipHop-Terminus für die Authentizität lautet „Realness", es ist also Ziel eines Rappers, „real" zu sein. Dieses Streben nach Realness steht als dem Stilmittel der Übertreibung gegenüber. Friedrich und Klein schreiben, dass eben die Inszenierung im HipHop elementar ist und die Authentizität des Künstlers nicht automatisch ausschließt. Jedoch ist diese Inszenierung, das Theater eben nicht als das pure Spielen einer Rolle zu verstehen. (vgl. Friedrich, Klein 2003: 141) „Ganz im Gegenteil: Das Theater des HipHop trennt nicht zwischen Rolle und Selbst, zwischen Spiel und Ernst. Es geht vielmehr um die gelungene Inszenierung von Authentizität." (Friedrich, Klein 2003: 142) Die Frage danach, wie wörtlich die Texte zu verstehen sind, ist dennoch schwierig zu beantworten. Es unterscheidet sich wohl von Rapper zu Rapper und von Lied zu Lied. Der eine nimmt die Authentizität wichtiger und präsentiert sich in seinen Texten, wie er sich selbst wahrnimmt, der andere hat Spaß am Spiel mit der Sprache und löst sich los vom Zwang zur Realness.

2.2.4. HipHop in Deutschland

Nachdem die Entwicklungen des HipHop der USA betrachtet wurde, folgt nun eine Auseinandersetzung mit HipHop in Deutschland, welcher den der Vereinigten Staaten natürlich zum Vorbild hat, sich dennoch in manchen Punkten unterscheidet. Da die Fragestellung der Arbeit sich auf deutschen Rap bezieht, ist es wichtig, auch diesen zu verstehen.

2.2.4.1. *Chronologische Entwicklungen*

Mit dem Anstieg an Popularität des HipHop, schwappte dieser in den frühen 80er Jahren auch nach Europa und Deutschland über. „HipHop hatte von Beginn an eine besondere Anziehungskraft auf die Sohne und Töchter der zweiten Migrantengeneration. […] Für sie tauchten plötzlich mit *Crazy Legs* oder *Melle Mel* Figuren auf, wie sie im sauber abgesteckten Kulturrahmen in Deutschland nicht vorkamen; in *Beat Street* und *Wild Style* begegneten ihnen Charaktere, die ein

Leben führten, das dem ihren nicht unähnlich war: keine großen weißen Wohnungen, wo Mama und Papa ihren Kindern abends aus Märchenbüchern vorlasen, keine sauberen Vorortwohngegenden, sondern allein erziehende Mütter, enge Zimmer und viel Straße" (Loh, Verlan 2002: 88-89) Zu dem hohen Identifikationspotential, welches die amerikanischen Rapper boten, ist ein weiterer Grund für die große Anziehungskraft der geringe materielle Aufwand um HipHop zu betreiben. (vgl. Seeliger 2012: 168)

Die Jugend hierzulande kam also mit HipHop in Kontakt, versuchte zu adaptieren, was sie hörte und sah und entwickelte somit schlussendlich eine eigene Interpretation von HipHop, abhängig von den Lebensumständen und unterschiedlichsten Einflüssen hierzulande. Darum wird HipHop auch als glokale Kultur bezeichnet. „Sie ist global verbreitet und besteht aus einer Vielzahl differenter lokaler Kulturen. Die HipHop-Kultur konstituiert sich über einen wechselseitigen Prozeß von global zirkulierenden sowie medial vermittelnden Stilen und Images einerseits und deren lokaler Neukontextualisierung andererseits. [...] Die HipHop-Kultur ist ein Beleg dafür, daß kulturelle Globalisierung nicht, wie in der Globalisierungsdebatte angenommen, automatisch zu kultureller Vereinheitlichung führt." (Friedrich, Klein 2003: 10)

Ganz nach dem Vorbild aus den Vereinigten Staaten, wurde zu Anfang ausschließlich auf Englisch gerappt. Als erster, der das auch auf Deutsch tat, gilt *Torch*. Mit seiner Band *Advanced Chemistry*, welche anfangs ausschließlich auf Englisch rappte, wurde bei Konzerten zwischen den Songs immer wieder gefreestylet, also improvisiert, und irgendwann fing *Torch* an, dies auf Deutsch zu machen. Das Publikum war davon begeistert, da nun die Texte viel besser verstanden wurden, als zuvor. (vgl. Loh, Verlan 2002: 119) Die Szene wuchs und konnte sich parallel zum Mainstream der deutschen Musikszene entwickeln und vernetzen, ohne sich von großen Labels und dem etablierten Popbetrieb vereinnahmen zu lassen. (vgl. Loh, Verlan 2002: 124; 145)

Ändern sollte sich das mit den *Fantastischen Vier*, welche aus dem nichts auftauchten. Keinem aus der Szene war die Band ein Begriff, ähnlich wie die Sugarhill Gang Jahre zuvor in den USA, wurden die vier Stuttgarter Rapper als Fremdkörper wahrgenommen, der von außen „kreiert" und von den (nicht HipHop-affinen) Medien als HipHop betitelt wurde und somit den kommerziellen Ausverkauf der Szene zu verantworten hatte. Die Musik der *Fantastischen Vier* wurde von vielen als Pop empfunden, der nur wenig mit der ursprünglichen Kultur zu tun hatte, da auch beispielsweise Breakdance und Graffiti hier überhaupt keine Rolle mehr spielten. (vgl. Loh, Verlan 2002: 145-146) Was neu an ihnen war und nicht nur negativ aufgenommen wurde, war der Rap auf Deutsch. Denn auch wenn *Torch* das schon zuvor im kleinen Rahmen machte, war dies immer noch ein Novum für einen großen Teil der Szene. Durch den Hype, den *die Fantastischen Vier* erfuhren, wurde der Popbetrieb auch auf die restliche Rap-Szene aufmerksam. Es bildeten sich daraufhin auch viele neue auf Deutsch textende Rap Formationen. So wurde Rap mit Gruppen wie *Freundeskreis*, den *Massiven Tönen*, den *Stieber Twins* oder *Blumentopf* über die Jahre aus dem Untergrund in den Mainstream geholt. Abläufe, Arbeitsweisen und der Sound professionalisierten sich, alles wurde größer. Doch dieser Prozess führte auch eine gewisse Loslösung der vier Elemente voneinander mit sich. Der Fokus verschob sich sehr stark auf Rap und die Jams, auf denen stets alle Elemente praktiziert wurden, wurden weniger. (vgl. Loh, Verlan 2002: 182) „Heute sind es Shows, früher waren es Jams. HipHop ist keine Berufung mehr, HipHop ist Beruf." (Mathias Bach in Loh, Verlan 2002: 219)

2.2.4.2. Battle Rap

In den folgenden Kapiteln über Battle Rap und Gangsta Rap werden diese beiden Genres genauer untersucht. Dabei wird sich nicht ausschließlich auf deutschen Rap bezogen, da sie ihren Ursprung schon im amerikanischen Rap haben, jedoch eben auch in Deutschland von großer Wichtigkeit sind. Diese beiden eng miteinander verwandten Subgenres sind die offensichtlichsten und bekanntesten Beispiele für sexistische Inhalte und sind darum von besonderer Wichtigkeit.

Wie wir bereits wissen, spielt der Wettbewerbsgedanke im HipHop und somit auch im Rap eine große Rolle. Das war von Beginn an so, Rap war schon bei den Blockpartys in den USA ein Kräftemessen auf verbaler Ebene. Die Ursprünge liegen vermutlich noch weiter zurück, denn schon bevor Rap existierte, spielte die verbale Auseinandersetzung mit einem Kontrahenten in der afroamerikanischen Kultur eine große Rolle:

> „Das so genannte ‚Playing the dozens', eine Sprach-Spiel-Praxis mit Wurzeln im afroamerikanischen Straßen- und Gefängnis-Milieu der 50er Jahre, kann als Vorläufer des Battle-Rap betrachtet werden. Ziel des offensiv geführten, letztendlich aber nicht ernst gemeinten Streitgespräch vor zufälligem Publikum (meistens auf der Straße) ist es, den Kontrahenten zu verhöhnen, seine Fähigkeiten infrage zu stellen und die moralische Integrität der Familie anzuzweifeln." (Dietrich, Seeliger 2012: 27)

Auch auf den ersten Jams in Deutschland war es üblich, dass Kontrahenten gegeneinander im Rap-Battle antraten. Auch hier wurde anfangs noch auf Englisch gerappt und das Publikum ermittelte zum Schluss den Gewinner aufgrund von Flow und Präsenz. (vgl. Loh, Verlan 2002: 249) Mit der Professionalisierung und Kommerzialisierung wurde das Battle auch auf Platte fortgeführt. Das bedeutet, dass über die Länge ganzer Songs (oder gar Alben) ‚gebattlet‘ und ‚gedisst‘ wird. Die Gegner sind hier entweder reale Personen, meist Rapper und Rapcrews, oder auch imaginäre Gegner. (vgl. Peschke 2010: 74) Bei Texten, welche gegen reale Personen gerichtet sind, spricht man von einem ‚Diss‘, was vom englischen „to disrespect“ - jemandem gegenüber respektlos sein, kommt. Es gibt einerseits Battles, die des Unterhaltungswertes des Battles wegen durchgeführt werden, in denen sich zwei Rapper gegenüberstehen, sich innerhalb diesen Rahmens verbal attackieren, um danach einen Gewinner zu ermitteln und danach friedlich auseinander gehen. Andererseits tragen Rapper untereinander immer wieder private Fehden in ihren Liedern aus, in diesem Fall ist eine deutlich ernstere Stimmung zu spüren. Innerhalb der Szene spricht man von einem „Beef“, den die beiden Rapper miteinander haben. Wird gegen einen imaginären Gegner gebattlet, ist der Battle-Text Selbstzweck, er dient nicht dazu, jemanden zu diskreditieren, sondern hier sollen Kreativität, technische Fähigkeiten oder auch einfach Härte bewiesen werden. In diesem Zusammenhang soll das Stilmittel des ‚Boasting‘ erwähnt werden. Es bezeichnet die Selbstüberhöhung, das Angeben und ist ein elementarer Aspekt des Battles und auch insgesamt der HipHop-Kultur. Es wird sich selbst maßlos erhöht, man bezeichnet sich als den besten, reichsten, schönsten und stärksten Rapper, dem jede Frau erliegt und der sich nimmt, was er will. Wer dies am besten, glaubwürdigsten oder am witzigsten macht, gilt als guter und respektierter Rapper. (vgl. Friedrich, Klein 2003: 39–40)

Das *Rödelheim Hartreim Projekt* von *Moses Pelham* und *Thomas Hofmann* setzte mit dem Album „Direkt aus Rödelheim“ hier 1994 neue Maßstäbe, da es zu einem großen Teil aus Battle-Raps bestand. (vgl. Loh, Verlan 2002: 249) Diese zeichneten sich auch durch eine bis Dato nicht vorhandene Härte in der Wortwahl aus und zuvor gab es nie einen solchen Rundumschlag gegen sämtliche Rapper der deutschen Rapszene. (vgl. Dietrich, Seeliger 2012: 44) Aber durch die spürbare Ironie in den Texten, war immer klar, dass die Battle-Texte für *Moses Pelham* nur ein Spiel waren und keine wirklich bösartigen Absichten dahintersteckten. Eine sehr deftige, rüde und auch machistische Sprache gilt in aller Regel als gängiges Stilmittel. (vgl. Peschke 2010: 74)

Sexistische, homophobe, rassistische Aussagen und weitere Formen der gruppenbezogenen Menschenfeindlichkeit hielten Einzug in die Battle-Texte der Rapper. So fanden zahlreiche neue Beleidigungen, welche bestimmte Menschengruppen diskriminieren, ihren Weg in den HipHop. Beispielsweise wurde der Kontrahent als „schwul“ bezeichnet oder „Mädchen“ genannt, um zum Ausdruck zu bringen, wie „verweichlicht“ er sei und ihm die Männlichkeit abzusprechen. Darum ist der Battle-Charakter, der zu HipHop gehört, ein Grund für das hohe Maß an Sexismus. Der Fakt, dass Herabwürdigung des Gegenübers eine wichtige Rolle spielt, ist eine Art Nährboden für sexistische Beleidigungen. Es fördert natürlich nicht nur sexistische Aussagen, sondern Beleidigungen aller Art, jedoch ist es so, dass ein Großteil der existierenden Beleidigungen eine Diskriminierung einer bestimmten Personengruppe mit sich bringt, somit natürlich auch geschlechtsbezogene Herabwürdigungen. Betrachten wir die recht harmlose Beleidigung „Blödmann“, sehen wir das Menschen die „blöd“ sind, also eventuell einen niedrigeren Intelligenzquotienten haben, als minderwertig betrachtet werden. Dabei hat man auf die eigene Intelligenz nur einen begrenzten Einfluss, man hat sich als „blöde“ Person nichts zuschulden kommen lassen, was einer anderen Person das Recht gäbe, darüber zu urteilen. Darum bringt ein hohes Maß an Beleidigungen (, mit einer hohen Wahrscheinlichkeit,) auch ein hohes Maß an sexistischen Beleidigungen mit sich. Diese Tatsache ist jedoch sicherlich nicht der einzige Grund für sexistische Texte, eine gewisse Geisteshaltung ist vielleicht eine ursächlichere Begründung, es ist auch nicht so, dass Sexismus sich nur in Beleidigungen findet, Sexismus kann sich in allen möglichen Aussagen widerspiegeln.

2.2.4.3. *Gangsta Rap*

Nun werde ich das Subgenre des Gangsta Rap genauer erläutern. Dieser wird als hauptsächlicher Vertreter des sexistischen Rap betrachtet. Da ich den Sexismus zwischen ‚gutem‘ und ‚schlechtem‘ Rap betrachten will und Gangsta Rap und der ‚schlechte‘ mehr oder weniger deckungsgleich sind, ist es nötig dieses Subgenre genauer zu verstehen.

Der Gangsta Rap ist eng verbunden mit dem Battle Rap, bei ihm wird genauso versucht, sich selbst zu erhöhen, sich von allen anderen abzugrenzen und diese zu erniedrigen. Jedoch wird sich weniger auf die Fähigkeiten am Mikrofon bezogen, sondern viel mehr auf persönliche (materielle) Errungenschaften und die Begabung, sich im sozialen Brennpunkt mittels illegaler Machenschaften zu behaupten. (vgl. Dietrich, Seeliger 2012: 29) „Der Begriff des ‚Gangsters‘ ist dabei dehnbar – so kann es sich um den kleinkriminellen Haschischdealer aus dem Märkischen Viertel handeln, aber auch um den italo-amerikanischen Mafiaboss aus Brooklyn." (Dietrich, Seeliger 2012: 41) Der Gangsta-Rap ist eine Grenzüberschreitung und ein Tabubruch, in der Regel wird Drogenkonsum glorifiziert, jegliches Ausmaß an physischer Gewalt gilt als legitimes Mittel zur Selbstbehauptung und illegale Geschäfte werden als lebensnotwendig und oftmals auch als positiv dargestellt. (vgl. Friedrich, Klein 2003: 28) Unabhängig von Authentizität, geht es in erster Linie darum, wie sich der Rapper selbst begreift, sieht er sich selbst als Gangsta Rapper, so kann man ihn auch als solchen bezeichnen. Der gemeinsame Nenner aller Gangsta Rapper ist der soziale Brennpunkt als natürlicher Lebensraum. (vgl. Dietrich, Seeliger 2012: 42) Bezogen auf die amerikanische Szene, wo der Conscious Rap und der Gangsta Rap nahe beieinander liegen, fassen Loh und Verlan es so zusammen: „Gangsta Rap ist die dunkle Seite des Message Rap. Während die Knowledge Rapper um *KRS ONE* (=Knowledge Reigns Supreme Over Nearly Everyone) an die Vernunft ihrer Hörer appellieren, bedienen die Gangsta Rapper die Sensationslust des Publikums. Oder um es im Sinne von *Chuck D* [, welcher Rap als das CNN der Schwarzen bezeichnete,] zu sagen: Message Rap ist die seriöse, politische Tageszeitung, Gangsta Rap die Boulevardpresse." (Loh, Verlan 2002: 52-53)

In Deutschland dauerte es sehr lange, bis ähnliche Formen von Rap entstanden. Der Hauptgrund hierfür ist wahrscheinlich ein großer Unterschied zwischen dem Verständnis des Begriffs „Ghettos" hierzulande und in den USA. Die schlimmen Zustände, welche Inhalte der amerikanischen Raptexte waren, existierten in Deutschland nicht in einem solchen Ausmaß. Somit war Rap in Deutschland lange Zeit entweder lustig und harmlos, wie bei den *Fantastischen Vier*, oder stark politisch und gesellschaftskritisch, wie bei *Advanced Chemistry*. (vgl. Dietrich, Seeliger 2012: 42-43) Die erste Veröffentlichung, welche man als Gangsta Rap bezeichnen kann, war die schon zuvor erwähnte Platte „Direkt aus Rödelheim" vom *Rödelheim Hartreim Projekt* um *Moses Pelham*. Jedoch zeichnete sich das Album zwar durch eine nie dagewesene Härte aus und Slang-Begriffe wurden ausgiebig benutzt, jedoch wurde nicht die eigene Lebensrealität als

Gangster-Dasein beschrieben. (vgl. Dietrich, Seeliger 2012: 45) Das erste Lied in Deutschland, welches auch diesen Aspekt erfüllte, war „Mein Leben" von *Charnell Taylor* im Jahre 1997. „Taylor [...] erzählte so nachvollziehbar, unpeinlich und anschaulich aus dem Leben eines sozial benachteiligten Großstadtkindes, dass jede Zurschaustellung typischer Gangster-Härte daneben überflüssig schien." (Dietrich, Seeliger 2012: 46) Er griff hier auf, wie seine amerikanischen Vorbilder das Leben im Ghetto beschrieben und übertrug dies auf seine eigene (ähnliche) Lebenswelt. „Zuhause seh ich nur Streit, seh meine Mama high, seh sie weinen und seh ihr Leid" (Charnell – Mein Leben)

Von da an entwickelte sich nach und nach der Gangsta Rap in Deutschland. Von *Azad*, der das Leben im sozialen Brennpunkt der Frankfurter Nordweststadt mit einer gewissen Romantik beschrieb, nach Berlin, wo „Battle-Kultur und Straßenmentalität von Anfang an mehr als im Rest der Nation" (Dietrich, Seeliger 2012: 50) zählten und sich der Rapper *Kool Savas* im Gegensatz zu dem „Hip-Hop von *Fettes Brot, Deichkind* oder *Blumentopf* [...] rebellisch, unangepasst, asozial, unprofessionell, schwer verdaulich und unfassbar innovativ" (Dietrich, Seeliger 2012: 51) präsentierte. Die harte Gangart kam bei den mehrheitlich jugendlichen Fans gut an. Gangsta Rap als Subgenre des Rap nahm eine immer größere Rolle ein und führte zu großen kommerziellen Erfolgen von Rappern wie *Sido, Massiv, B-Tight, Fler* und allen voran *Bushido*. So dominierte der Gangsta Rap für einige Zeit Rap in Deutschland und andere Subgenres verloren stark an Relevanz. Doch durch Gegenentwürfe zu den Gangsta Rappern, wie z.B. *Casper, Prinz Pi* oder *Marteria*, deren Texte nur wenig mit den harten Erzählungen ihrer Kollegen gemeinsam haben, erfuhren andere Formen des Rap wieder einen Aufschwung.

Will man sich mit Sexismus im HipHop beschäftigen ist die Rolle von Gangsta Rap von großer Bedeutung. Durch die harte und direkte Sprache zeigen sich Sexismen hier viel deutlicher, als bei softeren Rap Texten, welche durchaus auch von einer breiteren Öffentlichkeit gehört werden. Ob die Sexismen außerhalb des Gangsta Rap sich einfach subtiler zeigen, aber genauso vorhanden sind, lässt sich nicht so einfach beantworten. Des Weiteren ist der Gangsta Rap in diesem Zusammenhang sehr relevant, da er innerhalb der Rapszene eine so große Rolle spielt und dadurch auch einen Einfluss auf andere Spielarten des Rap hat.

2.3.   ‚Guter' Rap - ‚Schlechter' Rap

Zur genaueren Beschreibung der Differenzierung zwischen den beiden Formen des Rap, sei gesagt, dass Grimm die genannte Grenze zwar zwischen ‚politisch'/'sinnvoll' und ‚unpolitisch'/'stupide' gezogen hat, aber dies meiner Meinung nach etwas zu kurz greift. (vgl. Grimm 1998: 72) Ganz grundsätzlich bezieht sich ‚gut' und ‚schlecht' hier auf die Akzeptanz innerhalb der Gesellschaft. Die Grenzziehung zwischen ‚politisch' und ‚unpolitisch' erscheint mir zwar nicht willkürlich und falsch, jedoch spielt nicht nur die politische Aussagekraft eines Rap-Textes, sondern auch andere Faktoren eine Rolle. Betrachtet man beispielsweise die Texte von *Cro*, dem derzeitig im Mainstream erfolgreichste Rapper, findet man keine politischen Stellungnahmen und Überlegungen. Dennoch ist er gesellschaftlich anerkannt und kann somit in die Schublade des ‚guten' Rap gesteckt werden. Im Gegensatz dazu gibt es durchaus (, abseits des Mainstream,) erfolgreiche Gangsta Rapper, welche politische Inhalte in ihre Texte einfließen lassen. Beispielsweise behandeln die Rapper *Celo&Abdi* auf ihre Art und Weise die Schere zwischen Arm und Reich und andere, für sie relevante, (gesellschafts-)politische Themen in ihrem Lied „Parallelen": „Hör zu was Abdi sagt: ‚Hunger in Afrika, parallel dazu isst du Hummer und Kaviar'". Dennoch wird *Cro* im Radio gespielt und *Celo&Abdi*, trotz ihrer großen Beliebtheit beim jugendlichen Publikum, nicht. Dies soll verdeutlichen, dass die Grenze zwischen ‚politisch' und ‚unpolitisch' nicht komplett den Punkt zu treffen scheint. Sie scheint sich vielmehr durch die Sprache zu begründen, ‚guter' Rap ist nicht oder nur sehr wenig vulgär, während der ‚schlechte' Rap sich durch seine Vulgärsprache auszeichnet. Gangsta Rap gilt dadurch per se als dem schlechten Rap zugehörig, da er, wie zuvor beschrieben, in aller Regel durch eine hohe Vulgarität gekennzeichnet ist. Hier bleibt jedoch zum Schluss festzuhalten, dass keine Unterteilung zu 100% richtig ist und zu einem gewissen Grad auch andere Faktoren, wie eben die politische Aussagekraft, von Bedeutung sind. Des Weiteren scheint sich, im Hinblick auf die zu Anfang zitierte, positive Resonanz auf den Gangsta Rapper Haftbefehl im Feuilleton, die Grenze aktuell zu verschieben. Außerdem sind die Grenzen fließend, zahlreiche Rapper wären schwer einzuordnen, da sie sich irgendwo im Grenzbereich befinden. Man müsste eine empirische Untersuchung anstellen, um hier zu einem genaueren Ergebnis zu kommen, dazu könnte man beispielswiese in unterschiedlichen Milieus und Altersgruppen Reaktionen auf diverse Rapper untersuchen, von welchen man parallel die Texte bezüglich einiger Aspekte, wie zum Beispiel die Vulgarität, analysiert. Für diese Arbeit soll es jedoch reichen, wenn man von einer durch die Vulgarität begründeten Unterteilung ausgeht und grob Gangsta Rap mit dem ‚schlechten' Rap gleichsetzt.

2.4.   Zwischenfazit: HipHop

Hiermit endet der erste Block der Arbeit, welcher HipHop als Kulturform und spezieller, Rap als Teil dessen, genauer erläutern sollte. Wir haben erfahren, wie HipHop aus einer Not heraus in New York der 70er Jahre geboren wurde, wie er als Jugendkultur über die Jahre an Bedeutung gewann und welche die wichtigsten Merkmale dieser Jugendkultur sind. Der Aspekt der Party und der guten Laune ist der ursprünglichste, daraus entstand HipHop, auch (gesellschafts-)politische Gedanken spielten schon früh eine Rolle, so wurde sich durchweg gegen Rassismus positioniert und (in erster Linie in den USA) für die Rechte der afroamerikanischen Bevölkerung gekämpft. Dies ist bezüglich der von mir behandelten Thematik insofern interessant, dass der der Kampf gegen Rassismus sexistische Äußerungen nicht auszuschließen scheint, obwohl sich die Konzepte von Rassismus und Sexismus strukturell sehr stark ähneln. Der große Gedanke der über der ganzen HipHop-Kultur schwebt ist der des Wettbewerbs, des Battles. Er zieht sich durch sämtliche Formen und Ausführungen innerhalb der Szene und das hohe Maß an Sexismus ist vermutlich zu einem großen Teil auf ihn zurückzuführen. Zuletzt ging es um den Gangsta Rap, welchem hauptsächlich der Vorwurf des Sexismus gilt. Er zeichnet sich dadurch aus, dass die Protagonisten hauptsächlich aus sozialschwachen Verhältnissen kommen und die Texte von kriminellen Machenschaften handeln. Er steht für den an Grimm angelehnten Begriff des ‚schlechten' Rap. Als ‚schlecht' gilt er deshalb, weil er scheinbar zweifelhafte Werte an die Hörer vermittelt und somit keine Akzeptanz in der breiten Bevölkerung erfährt. Ihm gegenüber steht der ‚gute' Rap, welcher sich dadurch auszeichnet, dass er diese zweifelhaften Werte augenscheinlich nicht vermittelt. Seine Protagonisten können aus unterschiedlichsten sozialen Verhältnissen stammen, zu erkennen ist er in der Regel daran, dass er beispielsweise im Radio gespielt wird, während dies (, gemessen an den Verkaufszahlen,) ähnlich erfolgreichem ‚schlechtem' Rap nicht vergönnt ist. Damit endet der erste Block, es wurde ein grobes Bild von HipHop gezeichnet und die wichtigsten Aspekte bezüglich dieser Szene, auch bezüglich der Forschungsfrage, sollten nun klar sein.

3. Sexismus

Nachdem nun verständlich sein sollte, was es mit HipHop auf sich hat, wie er entstanden ist und was ihn ausmacht, komme ich nun zu dem zweiten Block der Arbeit. Hier geht es um Gender, also um das Thema Geschlecht, Geschlechterdifferenzen, Geschlechterrollen und Sexismus.

3.1.   Begriffserklärung: Gender

Der Begriff, der über dieser Thematik steht, lautet „Gender", unter ihn fällt alles, was mit Geschlecht, Geschlechteridentität, geschlechtsspezifischen Rollenbildern und Sexismus zu tun hat. Doch was bedeutet Gender überhaupt genau?

Der Begriff kommt aus dem Englischen, dort wird unterschieden zwischen "sex" und "gender". Im Deutschen gibt es keine wortwörtliche Übersetzung für "gender", jedoch meint "sex" das biologische und "gender" das soziale Geschlecht. (vgl. Funk-Hennigs 2003: 55) Was das biologische Geschlecht ausmacht ist klar, äußerlich erkennbare Geschlechtsmerkmale lassen in der Regel wenig Zweifel zu, welchem Geschlecht eine Person angehört. Der Begriff Gender bezieht den kulturellen und sozialen Hintergrund mit ein und betrachtet das Geschlecht als ein veränderbares Verhältnis. Gender bringt Zweifel gegenüber einem zweigeschlechtlichen System zum Ausdruck. Das biologische Geschlecht unterteilt grob in zwei Geschlechter ein, mit dem Begriff Gender wird versucht, der Komplexität und dem Facettenreichtum eines Menschen Rechnung zu tragen. (vgl. Buchen et al. 2004: 13) Die ‚Gender Studies' hinterfragen die Einteilungen von Eigenschaften in männlich und weiblich. „Im Unterschied zur Frauenforschung (»women studies«), bei der die Frauen im Mittelpunkt des Erkenntnisinteresses stehen, rücken die Gender Studies die Frage nach der diskursiven Produktion des Weiblichen und Männlichen in den Vordergrund." (Funk-Hennigs 2003: 55)

Es existieren unterschiedliche Thesen zu den Differenzen zwischen dem männlichen und dem weiblichen Geschlecht. Auf der einen Seite steht die Annahme, dass Frau und Mann zwei eindeutig unterscheidbare Geschlechter sind. Hier werden unterschiedliche Eigenschaften biologisch bedingt, einem Geschlecht zugeschrieben. So gilt der Mann beispielsweise als aggressiv und die Frau als fürsorglich. Dem gegenüber steht die Annahme, dass Unterschiede zwischen den Geschlechtern nicht existent sind. (vgl. Bischof-Köhler 2011: 19–21) Dazwischen existieren viele unterschiedliche Theorien, bei denen Differenzen zwischen weiblichem und männlichem Verhalten mit unterschiedlichen Verhältnissen an Einflüssen durch die biologische Komponente und die Sozialisation erklärt werden. (vgl. Bischof-Köhler 2011: 26) Bischof-Köhler selbst kommt zu dem Ergebnis, dass die Wahrheit sich vermutlich irgendwo in der Mitte befindet, dass also durchaus Unterschiede bestehen, dass diese jedoch auch teilweise durch eine geschlechtsspezifische Sozialisation hervortreten. (vgl. Bischof-Köhler 2011: 19–26) Es geht also vorrangig um die Frage, woher bestehende geschlechtsabhängige Zuschreibungen und Rollenbilder stammen.

3.2.   weibliche und männliche Rollenbilder

Nun soll zunächst geklärt werden, was bestehende männliche und weibliche Rollenbilder überhaupt auszeichnet. „Nach dem *normativen* Konzept lässt sich Rolle definieren als Teilklasse von Erwartungen, die gegenüber dem Inhaber bestimmter sozialer Positionen bestehen." (Wiswede 1977: 15) Unterschiedliche Eigenschaften und Vorlieben gelten als männlich oder weiblich. „Männer gelten als durchsetzungsstärker, aggressiver, selbstbewusster und risikobereiter, Frauen als sensibler, fürsorglicher, vorsichtiger und nachgiebiger." (Bischof-Köhler 2011: 16) Glick und Fiske nennen noch weitere typische Eigenschaften: Frauen gelten traditionell als inkompetent, jedoch liebenswürdig und sympathisch, Männer hingegen als ehrgeizig, analytisch aber unsensibel gegenüber ihren Mitmenschen. (vgl. Fiske, Glick 1999: 198) Es werden zwei Dimensionen ausgemacht. Einmal handelt es sich hierbei um die Expressivität, welche die als weiblich geltenden Eigenschaften beinhaltet und auf der anderen Seite steht die Instrumentalität, welche eben die als männlich geltenden Eigenschaften beinhaltet. (vgl. Fiske, Glick 1999: 198) Geschlechterrollen bezeichnen also Verhaltenserwartungen bezüglich eines Individuums aufgrund seines Geschlechts. (vgl. Eckes 2010: 178)

Nach der Logik, welche den geschlechtsspezifischen Rollen zugrunde liegt, ist es so, dass geschlechtsspezifische Stereotype nicht nur die dem einen Geschlecht zugeschriebene Eigenschaft beinhalten, sondern gleichzeitig werden ebendiese Eigenschaften dem anderen Geschlecht abgesprochen. Gelten Männer nun allgemein als risikobereit, impliziert dies auch, dass Frauen eher risikoscheu sind. (vgl. Bischof-Köhler 2011: 17)

Wie vorher schon erwähnt wurde, beruhen die beiden Dimensionen der Expressivität und der Instrumentalität nicht auf einer willkürlichen Bestimmung, sondern haben ihren Ursprung in der Natur des Menschen. Die ideologische Versteifung auf eine der beiden Theorien, Anlage oder Umwelt, ohne Betrachtung der gesamten Einflüsse führt auf einen Holzweg. „Das simple Schwarz-Weiß-Muster der Geschlechterrollen, dem wir im Alltag immer wieder ausgeliefert sind, ist [...] ein primär kultureller Effekt. Nur ist es bei aller Übertreibung nicht ganz willkürlich." (Bischof-Köhler 2011: 42) Wer als Mann geboren wird, muss nicht aggressiv und wer als Frau geboren wird, muss nicht zwangsläufig fürsorglich sein. „Die Wirkung natürlicher Disposition ist appellativer Art; sie legen uns bestimmte Verhaltensweisen näher, als andere." (Bischof-Köhler 2011: 41) Naturgegeben sind also in erster Linie Tendenzen, keine feststehenden Gesetzmäßigkeiten bezüglich des Verhaltens und der Eigenschaften. „Diese biologische Grundausstattung ist nicht determinierend, sondern limitierend zu verstehen. Die Vorstellung einer Dichotomisierung, nach der männliche und weibliche Verhaltensweisen einander entgegengesetzte Pole darstellen, trifft nicht zu, sondern die Verteilungen überlappen sich stark. Praktisch alle Verhaltensweisen kommen bei beiden Geschlechtern vor." (Becker, Kortendiek 2010: 28)

Nun ist ungefähr klar, wie traditionelle Rollenbilder (in den meisten Gesellschaften) aussehen. Unterschiedliche Charaktereigenschaften gelten jeweils als entweder männlich oder weiblich. Diese Zuschreibungen beruhen zwar zu einem gewissen Grad auf den biologischen Gegebenheiten, werden jedoch auch durch die Umwelt stark gefördert. Von Bedeutung sind diese Rollenbilder für die Beantwortung der Frage, wie sich Sexismus überhaupt äußert, da sie die ursprüngliche Grundlage für diesen bilden.

3.3.   Begriffserklärung: Sexismus

Nun soll erklärt werden, was Sexismus genau zu bedeuten hat und in welchen unterschiedlichen Formen er auftreten kann. Was versteht man also genau unter Sexismus? Eckes fasst hier drei unterschiedliche Aspekte zusammen: „Unter Sexismus lassen sich [...] kategoriegestützte Kognitionen (Stereotype), Affekte (Vorurteile) und Verhaltensweisen (Diskriminierung) fassen, die auf einen ungleichen sozialen Status von Frauen und Männern hinwirken." (Eckes 2010: 183) Die Begriffe des Stereotyps und des Vorurteils sind natürlich sehr ähnlich, jedoch beschreibt ein Stereotyp eine „verallgemeinerte, vereinfachende und klischeehafte Vorstellung" (Bundeszentrale für politische Bildung 2014) die sich bezüglich einer Menschengruppe bildet, während ein Vorurteil viel mehr mit Emotionen verbunden ist und eine Wertung beinhaltet. Zwar kann Sexismus gegen beide Geschlechter gerichtet sein, zumeist sind jedoch Frauen die Leidtragenden.

Ein markanter von Simone de Beauvoir fasst die bestehende Rollenverteilung und den bestehenden Sexismus gut zusammen: "Er ist das Subjekt, er ist das Absolute: sie ist das Andere." (Beauvoir 2000: 11) Hier wird deutlich, welche

Bedeutung der Mann und welche die Frau haben. Er gilt als eigenständiges „Subjekt", sie nur als Begleiterscheinung. Er ist über-, sie ist untergeordnet. Er definiert sich über sich selbst und sie definiert sich genauso über ihn. „On the basis of cross-cultural indicators of status and power, women are clearly a disadvantaged group. Although some cultures are more egalitarian than others, patriarchy is widespread, though not necessarily universal". (Fiske, Glick 2001: 110) Auch wenn sich die anfangs zitierte Definition von Sexismus auf beide Geschlechter bezieht, wird, aus der gerade genannten, untergeordneten Rolle der Frau, der gegen Frauen gerichtete Sexismus verstärkt betrachtet. (vgl. Eckes 2010: 183) Ein weiterer Satz von Simone de Beauvoir sagt viel über die Stellung der Frau aus: "Man kommt nicht als Frau zur Welt, man wird es." (Beauvoir 2000: 344) Der Satz drückt vielerlei aus: Die Ablehnung der reduktionistischen Wesenszuschreibungen auf das weibliche Geschlecht, die Betonung der sozialen und kulturellen Konstruktion der Geschlechter und die Forderung einer -auf gesellschaftlicher und individueller Ebene stattfindende - Befreiung der Frauen. (vgl. Konnertz 2005: 33) Jedoch kann Sexismus natürlich in beide Richtungen funktionieren. Kommt ein Mann beispielsweise der physischen Stärke nicht nach, welche als männliches Attribut gilt, liefert er sich schnell einer sexistischen Diskriminierung durch seine Mitmenschen aus.

Eckes unterscheidet zwischen deskriptiven und präskriptiven Stereotypen. Deskriptive Stereotype versuchen Eigenschaften und Verhaltensweisen von Frauen und Männern zu beschreiben und präskriptive Stereotype beziehen sich auf traditionelle Annahmen, wie Frauen und Männer zu sein haben, wie sich verhalten sollten. (vgl. Eckes 2010: 179) Beide Formen hängen natürlich miteinander zusammen und decken sie sich nicht, weichen die Verhaltensweisen eines Individuums von der erwarteten Verhaltensweise ab, führt dies selten zu einer Änderung der Stereotype, sondern viel mehr zu einer Bestrafung und Ablehnung der Individuen. (vgl. Eckes 2010: 178) Hat nun beispielsweise eine Frau das Ziel, Formel-1-Rennfahrerin zu werden, was traditionell ein Männersport ist, ändert sich nicht das Frauenbild der Gesellschaft, sondern diese eine Frau wird eher als sonderbar bewertet. „Changes, such as the movement of women into the paid workforce, are reflected in images of subtypes (e.g., career women), which are quite different than the general stereotype of women as a group." (Fiske, Glick 1999: 195) Jene ‚Karrierefrauen' erfahren viel Ablehnung, da sie sich nicht passend zum gängigen Rollenbild verhalten. Die Basis von Sexismus besteht also aus Stereotypen und die Forderung der Einhaltung ebenjener.

Heutzutage lassen sich zwei Formen von Sexismus unterscheiden. Das sind der *traditionelle* (auch *offene*) *Sexismus* und *der moderne Sexismus.* Der traditionelle Sexismus beinhaltet folgende Aspekte: 1. Die stereotypkonforme Betonung der Geschlechtsunterschiede, 2. Der Glaube an einer Minderwertigkeit der Frau gegenüber den Männern und 3. Die Befürwortung herkömmlicher Geschlechterrollen. Der *moderne Sexismus* hingegen zeichnet sich dadurch aus, dass die Existenz von sexistischen Strukturen und eine Diskriminierung von Frauen geleugnet werden. (vgl. Eckes 2010: 183)

Zwei weitere Dimensionen, die ausgemacht werden können sind der benevolente und der hostile Sexismus. Sexismus beinhaltet nicht nur negative Zuschreibungen. Auch positive Eigenschaften, die einem Geschlecht zugeschrieben werden, haben einen sexistischen Charakter. Hostiler Sexismus bezeichnet den „feindseligen" Sexismus, während benevolenter Sexismus „freundlich" ist. (vgl. Eckes 2010: 183–184) Obwohl Frauen in der Regel benachteiligt sind, ist es nicht so, dass weibliche Stereotype größtenteils negativ besetzt sind. Dies wird durch den "women are wonderful" Effekt beschrieben: Frauen wie auch Männer schreiben dem weiblichen Geschlecht im Vergleich zum männlichen mehr positive Eigenschaften, wie z.B. Wärme, Fürsorglichkeit und Hilfsbereitschaft, zu. (Fiske, Glick 2001: 110) Doch diese Zuschreibungen sind „lediglich die andere Seite ein und derselben ‚sexistischen Münze'." (Eckes 2010: 184) „Benevolent sexism is disarming. Not only is it subjectively favorable in its characterization of women, but it promises that men's power will be used to women's advantage, if only they can secure a high-status male protector." (Fiske, Glick 2001: 111) Eckes nennt drei Aspekte, welche bei der Beschreibung des benevolenten Sexismus zum Tragen kommen:

> „(a) Belohnung von Frauen bei Erfüllung ihrer traditionellen Rollen (bei Verletzung der Rollenerwartungen resultiert Bestrafung, d.h. Hostilität), (b) Begrenzung auf soziale Situationen mit klar definierten geschlechtstypischen Rollen (z.B. Dominanz des Mannes und Submissivität der Frau im hierarchisch strukturierten beruflichen Umfeld), (c) Teil einer betont frauenfreundlichen Selbstdarstellung von Männern, allerdings nur bezogen auf ‚gute' Frauentypen wie die Hausfrau oder die typische Frau, im Unterschied etwa zur Karrierefrau." (Eckes 2010: 184)

Studien zufolge korrelieren der benevolente und der hostile Sexismus innerhalb von Gesellschaften positiv miteinander und sie sagen im Durchschnitt das Ausmaß der Chancenungleichheit von Männern und Frauen vorher. (vgl. Eckes 2010: 184)

3.4.   Zwischefazit: Sexismus

Nun wissen wir darüber Bescheid, was Sexismus genau ist, was es mit den Rollenbildern, auf denen er fußt, auf sich hat und was, ganz grundlegend, Gender und Geschlechtlichkeit bedeuten. Sexismus richtet sich hauptsächlich gegen das weibliche Geschlecht, wobei dies nicht zwingend der Fall ist, auch Männer können Opfer von Sexismus werden. Er entsteht durch bestehende geschlechtsspezifische Rollenbilder und die Forderung der Einhaltung ebenjener, denn Nicht-Einhaltung wird sanktioniert. Unter dem Begriff der Instrumentalität lassen sich die als männlich geltenden Charakterzüge und Eigenschaften und unter dem Begriff der Expressivität die weiblichen ausmachen. Diese zwei Dimensionen sind zu einem gewissen Grad von der Natur vorgegeben, jedoch sind sie nicht determinierend, es ist also auch völlig natürlich, dass diese Charakterzüge bei beiden Geschlechtern zu finden sind – nur eben zu unterschiedlichen Anteilen. Somit ist die Sanktionierung der Nicht-Einhaltung sexistisch. Traditionelle Rollenbilder mit einer untergeordneten Stellung der Frau werden bevorzugt und die Unterschiede zwischen den Geschlechtern werden betont. Außerdem besteht eine interessante Unterteilung in hostilen, feindseligen Sexismus und benevolenten, freundlichen Sexismus, die beide jedoch letztendlich nur zwei Seiten einer Medaille sind.

4. Sexismus und Rollenbilder im Rap

Nachdem nun die Kultur des HipHop und speziell die Musik des Rap erklärt wurden und das Konzept von Sexismus deutlich sein sollte, kann genauer untersucht werden, wo sich der Forschungsstand zum Sexismus im Rap befindet.

Die Rolle der Sprache ist beim Thema Sexismus sehr wichtig und da die Sprache eben auch im Rap sehr relevant ist, soll sie hier nicht zu kurz kommen. In der Sprache können sich Charakterzüge einer Gesellschaft spiegeln. Finden sich also viele sexistische Ausdrücke in der Sprache wieder und gelten beispielsweise Frauen gegenüber abwertende Redewendungen als normal, kann man davon ausgehen, dass dieser Sexismus sich zu einem gewissen Grad so innerhalb der Gesellschaft finden lässt. Laut Bischof-Köhler dürfe man die Rolle der Sprache jedoch auch nicht überschätzen, sie stellt den hohen Stellenwert, welcher der Sprache bezüglich der Gender- und Sexismusthematik beigemessen wird, in Frage und verweist auf die türkische Sprache, in der überhaupt keine geschlechtlichen Markierungen vorgesehen seien und dass die Rollenverteilung in der Türkei dennoch nicht weniger traditionell sei. (vgl. Bischof-Köhler 2011: 33-34) Wie viel Macht man der Sprache letztendlich wirklich zusprechen muss, ist keine leicht zu beantwortende Frage, herunterspielen sollte man sie nicht, aber das große Ganze, den Kampf für die Gleichberechtigung von Mann und Frau, sollte dadurch nicht aus den Augen verloren werden.

Wie sieht es nun mit den Rollenbildern im HipHop aus? Gleichen sie den in der Gesellschaft gängigen Rollenbildern von Mann und Frau? Sind sie progressiver oder rückständiger?

Angefangen mit quantitativen Werten ist auffallend, dass zumindest kommerziell erfolgreiche Rapper fast ausschließlich männlich sind. Darauf bezog sich die Rapperin *Sookee*, mit der im Rahmen der Bachelorarbeit ein Interview geführt wurde. (Interview 2015: 55-56) Auszüge, auf die sich hier bezogen wird, befinden sich in dem Kapitel „Interviewauszüge". Auf diese Quote bezieht sich auch Grimm: "Wichtig ist hier die Beobachtung, daß *'gender'*-Identität in der Rockmusik sich nicht nur über sexistische Aussagen im eigentlichen Text manifestiert, sondern eben schon in der Struktur von Rockkultur angelegt ist." (Grimm 1998: 5) Wie man sehen kann, beschreibt sie jedoch die Rockmusik. Wie aus ihrem Werk hervorgeht, ist damit dennoch durchaus auch der Rap mit inbegriffen, allerdings wird daraus auch deutlich, dass die geschlechterbezogene Ungleichverteilung sich nicht auf HipHop beschränkt. Auch Rockbands bestehen größtenteils aus männlichen Mitgliedern, dies zieht sich durch den Großteil aller

Musikgenres bis hin zur Klassik, welche auch von männlichen Komponisten und Dirigenten dominiert wird. Dies scheint somit kein Rap-spezifisches Problem zu sein, jedoch zeigt sich, dass sich diese Ungleichverteilung im Rap, anders als bei anderen Genres, auch auf der Hörerseite fortsetzt. Wo also Rock- oder auch Jazzfans viel mehr durchmischt sind, sind die Rezipienten im Rap meist männlichen Geschlechts. (vgl. Friedrich, Klein 2003: 24) Laut Grimm zeichnet sich das im HipHop elementare Konkurrenzprinzip insgesamt durch eine sehr männliche Dynamik aus und die gesamte „Ästhetik und die Art der Repräsentationen in Form von Angeben, Beleidigen und der Demonstration von Überlegenheit zieht vor allem Männer an." (Grimm 1998: 85–86)

Durch die Inhalte werden also vor Allem männliche Jugendliche angesprochen, darum ist hier der Sexismus wohl am deutlichsten zu spüren, in den Texten wird in der Regel eine traditionelle Geschlechterhierarchie und ein Männlichkeitskult (re-)produziert. (vgl. Friedrich, Klein 2003: 24) Frauen werden in Raptexten häufig als "Ware" dargestellt: Sie sind, wie auch die teuren Autos oder der Schmuck, Besitztümer und Statussymbole der männlichen Rapper. (vgl. Peschke 2010: 141) Diese Rollenverteilung spiegelt sich auch in den dazugehörigen Musikvideos wider, es werden hier typische klischeehafte Geschlechterhierarchien präsentiert. Jedoch geht das präsentierte Frauenbild oft noch weiter, als es in einer traditionellen Rollenverteilung der Fall ist, so ist es gängige Praxis Frauen regelrecht zu erniedrigen. So rappt der Gangsta Rapper *Kollegah* beispielsweise: „Bring deine Ex-Lady, Penner, wir filmen mit der Chick dann im Backstage Sextapes, geben Dick in ihr Drecksface, Licht aus, sie kriegt keine Luft, während sie Dick saugt" (Kollegah – Karate) Der sexistische Inhalt versteht sich von selbst, einer Erklärung bedarf eventuell das Wort „Dick", was ein englisches vulgäres Synonym für „Penis" ist. Eine hohe Anzahl von Frauen, welche passiv wirken und mehr Objekt, als Subjekt sind, umgarnen in Musikvideos eine deutlich geringere Anzahl an Männern (, die Rapper,) welche aktiv agieren und im Mittelpunkt stehen.

> „Frauen nehmen vornehmlich Nebenrollen als Zuschauerinnen, Fans oder Tänzerinnen ein. Ihre Funktion besteht darin, zu tanzen, Respekt zu zollen und Bestätigung zu leisten. In fast all ihren Handlungen sind die Frauen den Männern zugewandt." (Friedrich, Klein 2003: 125)

Nicht nur die Rolle der Frau ist so fest beschrieben und eng eingegrenzt. Laut Gossmann finden sich unterschiedliche Konstruktionen von Männlichkeit, jedoch zeigen sich zwischen ihnen viele Gemeinsamkeiten. (Interview 2015: 56)

Dazu gehören eben eine Abwertung von Weiblichkeit und eine Verherrlichung von - oftmals sexualisierter - körperlicher Gewalt. Die Abwertung der Rolle der Frau dient so der Manifestierung der eigenen Rolle, der des starken Mannes. Sexualität hat in erster Linie das Ziel, die eigene Dominanz zu verdeutlichen, sexuelle Passivität gilt als unmännlich und somit als verwerflich. (vgl. Gossmann 2012: 102) Funk-Hennigs bezieht sich auf die gesamte Popmusik, nicht nur auf HipHop, wenn sie die Rollenverteilungen beschreibt. Auch sie betont die Subjektrolle der Männer und die Objektrolle der Frauen in den Musikvideos. Ihr zufolge reproduzieren sich die Rollen des aktiven Mannes und der passiven Frau auch dadurch, dass Frauen in der Musik viel mehr besungen und beschrieben werden, als dass sie selbst die Initiative ergreifen. (vgl. Funk-Hennigs 2003: 58) Auch im Musikjournalismus existiert kaum ein Diskurs bezüglich der Rollenverteilung. Dies führt sie auf ein quantitatives Ungleichgewicht, zuungunsten der Frauen im Musikjournalismus, zurück. (vgl. Funk-Hennigs 2011: 97)

In den Vereinigten Staaten, wo Rap hauptsächlich von Schwarzen produziert wird, spielen politische Statements in Bezug auf Rassismus eine große Rolle. Der Widerstand gegen eine weiße Vormachtstellung und Rassismus ist nicht nur im politischen Rap, sondern auch im Gangsta-Rap Usus. Einerseits beinhaltet die Kultur des HipHop progressive, gegen das kulturelle und gesellschaftliche Establishment gerichtete Ansätze, andererseits spiegelt sich der progressive Ansatz mit Blick auf die Geschlechterpolitik kaum wider, da Frauen eine untergeordnete Rolle spielen. (vgl. Grimm 1998: 15) Im Vergleich zu 'race' spielt innerhalb der Szene eine Diskussion über 'gender' somit keine große Rolle. Der Widerstand gegen Rassismus ist eine männliche Domäne und Antirassismus und Sexismus stehen offensichtlich nicht zwangsläufig im Widerspruch zueinander. (vgl. Grimm 1998: 124–125) Die Rolle der Frau beschränkt sich in aller Regel auf die der Mutter oder der Freundin, sie wird selten als Mitkämpferin gegen die Unterdrückung wahrgenommen und soll in erster Linie für die Reproduktion des Mannes dienen, der das Zentrum der schwarzen Gesellschaft ist. (vgl. Grimm 1998: 126)

> „Männlichkeit im Rap ist vor allem nach innen, das heißt in Bezug auf die afroamerikanische *community*, konservativ. Nach außen, in Relation zur Dominanzkultur, suggeriert diese Männlichkeit Grenzüberschreitung und Rebellion." (Grimm 1998: 126)

Bei den immer wieder aufkeimenden Diskussionen über Sexismus im HipHop bleibt zu beachten, dass er nicht von Rappern erfunden wurde, dennoch sollte versucht werden zu klären, woher das hohe Maß an Sexismus im HipHop stammt. Unterschiedliche, in der schwarzen Kultur verankerte, Sprachspiele wie das *Signifying*, das *playing the dozens*, oder auch die *baadman tales* des späten 19. Jahrhundert zeichneten sich durch eine ähnlich sexistische und gewalttätige Sprache aus. Die explizit sexistischen, zur Gewalt aufrufenden Texte des Rap wurden also nicht von Rappern neu erfunden. (vgl. Saied 2012: 41) (Saied beschreibt die Lebenswelt von schwarzen Männern in den 60ern als Matriarchat, als eine, in vielen Aspekten, von der Mutter bestimmte Umwelt. Um dies zu kompensieren, waren sexistische Inhalte beim *playing the dozens* elementare Bestandteile. (vgl. Saied 2012: 45))

Auch scheint eine harte Wortwahl insgesamt ein Phänomen der Jugend zu sein, dies beschränkt sich nicht auf HipHop. „Typisch und kennzeichnend für jede Jugendsprache ist die lässige, saloppe und oft drastische Wortwahl, Resultat der Tatsache, daß man als Jugendlicher noch weniger nach gesellschaftlichen Verhaltensnormen reden kann." (Janke, Niehues 1995: 105) Janke und Niehues zufolge werden Jugendliche oft von Gefühlen beherrscht, die „größer sind und tiefer reichen, als es konventionelle Worte ausdrücken können." (Janke, Niehues 1995: 103) Darum werden oftmals unkonventionelle, nie gehörte und eben auch sehr drastische Worte benutzt. (vgl. Peschke 2010: 47) Insgesamt ist in Bezug auf Jugendsprache, nicht klar festzulegen, welche Bedeutung man fragwürdigen Begrifflichkeiten beimessen kann. Wenn nun ein Wort wie „Schwuchtel" der Beleidigung des Gegenübers dient, impliziert dies natürlich eine Abwertung schwuler Männer. Allerdings ist zu beachten, dass Beleidigungen dieser Art in der Regel von der ursprünglichen Bedeutung entkoppelt sind. Wer nun also einen solchen Begriff benutzt, verbindet in seinem Kopf nicht gezwungenermaßen eine schwule Person damit. Dies soll natürlich die Benutzung jener Begriffe nicht rechtfertigen, aber es wird deutlich, dass die Intention und die Haltung der Person nicht immer einfach zu erkennen ist.

4.1.   Homosexualität

Wie gerade erwähnt, spielt auch Homophobie eine große Rolle im HipHop. Begriffe wie "schwul", "Homo", "Schwuchtel" und weitere werden beleidigend genutzt, sie sollen dem Gegenüber Männlichkeit und Härte absprechen, denn das HipHop immanente Konzept von Männlichkeit lässt sich nicht mit Homosexualität vereinbaren. „Was geht mit euch? Alle MCs sind schwul in Deutschland" (Kool Savas – Schwule Rapper) lautet eine sehr bekannte Zeile. Es wird also nur eine Form von Männlichkeit toleriert und (männliche) Homosexualität gilt als abstoßend. (vgl. Peschke 2010: 145; Interview 2015: 56) Homosexualität passt im Weltbild der Rapper nicht zusammen mit Härte und Überlegenheit. Interessant ist eine gewisse Ambivalenz, denn die sexualisierte Gewalt, welche Dominanz präsentieren soll, existiert auch in Bezug auf männliche Personen. „Ab jetzt sind wir immer da, wo du bist und immer da wo du bist, da wird dein Arsch auch gefickt." (Bass Sultan Hengzt – Probs) Hier wird jedoch klar unterschieden zwischen den beiden Rollen, denn der Rapper selbst definiert sich nicht als homosexuell, sein Gegenüber jedoch schon, denn Bass Sultan Hengzt ist in diesem Beispiel „der, der fickt" und sein Gegenüber „der, der gefickt wird". Nach diesem Prinzip unterscheiden sich die beiden Rollen.

Auch in den Ursprüngen des HipHop findet sich diese Homophobie wieder:

> „Homosexualität stellt [...] in weiten Teilen der afroamerikanischen Bevölkerung keine akzeptierte Identität dar, anders als beispielsweise in Teilen der ‚weißen' Mittelschicht, in der Homosexualität zwar auch nicht akzeptiert, aber zumindest als Bestandteil einer künstlerischen Identität toleriert wird." (Grimm 1998: 52)

4.2.   Die Rolle der Rapperinnen

Rapperinnen nehmen eine besondere Rolle innerhalb der Szene ein. Wie gesagt gibt es viel weniger, als männliche Rapper und der Bekanntheitsgrad der Rapperinnen ist im Durchschnitt viel niedriger. Alleine aufgrund ihres Geschlechts werden sie anders wahrgenommen, was sich schon in der Bezeichnung „female MC" widerspiegelt. „Das Etikett ‚female MC' wird dazu genutzt, Frauen als MCs in einen marginalen Raum zu verweisen. Während beispielsweise B-Boy und B-Girl nebeneinander als gleichberechtigte Termini existieren, um die Tänzer des HipHop zu benennen, so gilt Rap von vornherein als männlich kodiertes Terrain." (Saied 2012: 51) Weibliche MCs behandelten Themen wie die Rolle der Frau von Anfang an. Wo politische Aussagen männlicher MCs sich hauptsächlich auf Polizeigewalt oder Rassismus bezogen, behandelte fast jede Rapperin die Unterdrückung der Frauen in ihrer Musik und nutzt diese, um das Bild der Frau neu zu malen. (vgl. Saied 2012: 53) Jedoch wird auch dadurch das Geschlecht immer wieder ein Politikum und die Rapperinnen rutschen in eine Sonderrolle – die sich eben durch ihre Weiblichkeit auszeichnet. Während sie sich selbst in der Regel einfach nur als Rapperinnen sehen, werden sie von außen, von den Medien, meist auf ihr Geschlecht reduziert. (Ist nun auch noch ein Migrationshintergrund vorhanden, findet eine doppelte Stigmatisierung aufgrund von Gender und Ethnie statt und somit werden von außen Rollen, z.B. als Revo-

lutionärin, die sich von den patriarchalen Herrschaftsverhältnissen befreit, zugeschrieben.) (vgl. Saied 2012: 261)

Saied benennt im Mainstream des HipHop hauptsächlich zwei große Subtypen
der Frau: Das ist auf der einen Seite die *bitch* und auf der anderen Seite die *vir-
gin/Mutter*. Weibliche MCs haben nun theoretisch die Chance, diese Darstel-
lungsformen zu korrigieren oder zu erweitern, indem sie über ihre Sexualität und
ihre Rolle als Frau in ihren Texten bestimmen können. (vgl. Saied 2012: 52)
Dem gegenüber steht die These, Rapperinnen könnten nur die genannten Subtypen darstellen, ihre möglichen Rap-Persona beschränken sich somit auf wenige
(zumeist sexualisierte) Grundtypen, wie z.B. die unnahbare Queen oder die
Schlampe und außerhalb dieser Rollen könnten sie sich gar nicht bewegen. (vgl.
Friedrich, Klein 2003: 206–207)

Häufig werden Frauen als "Bitch" bezeichnet, was sich auf Deutsch mit
"Schlampe" übersetzen lässt. Aufgrund des zweifelsohne beleidigenden Charakter, ist es verwunderlich, dass der Begriff durchaus auch häufig von Rapperinnen genutzt wird und dies auch gerne in Bezug auf die eigene Person. (Peschke
2010: 141–142) Ein bekanntes Beispiel aus Deutschland ist die Rapperin Lady
Bitch Ray, bei der das Wort schon im Künstlernamen steckt und auch die US-
amerikanische Rapperin Missy Elliott benutzt das Wort ‚Bitch‘ gerne für sich
selbst. Dies kann „sowohl als Selbstermächtigung als auch als Fortschreibung
eines machtvollen Diskurses gelesen werden." (Saied 2012: 53) Wird der Begriff von Rapperinnen benutzt, erhält er meist eine Umdeutung. Er dient nicht
mehr zur Beschreibung einer Frau, welche als sexuelles Objekt dem Mann zu
dienen hat, sondern soll er Stärke und sexuelle Selbstbestimmung ausdrücken.
Der sexualisierte Charakter bleibt also erhalten, jedoch bewegt die Frau sich von
einer passiven in eine aktive Rolle. (vgl. Peschke 2010: 142) Mit ein und dem-
selben Begriff, bewegt sich die Rapperin so von der dominierten zur dominie-
renden Frau. Die neue Bedeutung des Begriffs ist „nicht nur eine Affront gegen
die bürgerliche Sexualmoral, sondern auch gegen einen männlich geprägten
Rap-Stil, der Frauen gern auf diese Weise abqualifiziert." (Friedrich, Klein
2003: 205)

Friedrich und Klein nennen zwei unterschiedliche Lesarten von HipHop bezüglich der Rolle der Frau und der Möglichkeit deren Neudefinition. Passend zu
bisherigen Feststellungen, nimmt die erste Lesart HipHop wahr als „eine patri-
archal organisierte, männlich dominierte und sexistische Kulturpraxis, gekennzeichnet dadurch, daß primär zwischen Mann und Nicht-Mann unterschieden
und Weiblichkeit als Projektionsfläche für männliche Phantasien begriffen

wird." (Friedrich, Klein 2003: 206) Demnach ist es Rapperinnen nicht möglich, aus den alten Rollenbildern auszubrechen.

„Die Selbstbezeichnung als *bitch, slut, chick, dyke* oder aber *virgin* ist dieser Lesart zufolge der fehlgeleitete Versuch einer Rückeroberung weiblicher Lebensweisen aus einer (hetero)sexistischen Geschichte, der scheitern muß, weil er innerhalb des dualistischen Prinzips männlicher Zuschreibungen verbleibt und damit selbst patriarchale Geschichte fortschreibt." (Friedrich, Klein 2003: 207)

Die Inszenierungen innerhalb der Videos bestätigen und aktualisieren traditionelle Männlichkeitsbilder, zum Teil werden diese durch Übertreibung und Ironisierung auch ins Lächerliche gezogen, jedoch wird auch hier kein möglicher Gegenentwurf geliefert. (vgl. Friedrich, Klein 2003: 125) Klein und Friedrich zufolge, wird jene Lesart HipHop jedoch nicht gerecht und greift zu kurz. Sie verweisen auf die Experimentierfreude von Popkultur mit beispielhaften charakterstarken Rapperinnen wie die bereits genannte Missy Elliott und Queen Latifah. Als zweite These folgt somit, dass eine Durchbrechung von Konventionen im HipHop durchaus möglich sei. Wenn nun Rapperinnen traditionelle Rollenbilder ironisieren und parodieren, habe dies einen progressiven Charakter, da der sexistische Normenkodex von Weiblichkeit unterwandert würde. (vgl. Friedrich, Klein 2003: 208) Man kann schwer überprüfen, welche Lesart die „richtige" ist, mit Sicherhcit liegt die Wahrheit irgendwo dazwischen, Frauen im Rap nehmen mit Sicherheit nicht einfach vorgefertigte Rollen ein und durch die Umdeutung von Begriffen wie ,bitch' wird zumindest eine mögliche Alternative geboten, auch wenn das Wort nicht per se eine positive Konnotation erhält.

Was jedoch beide Lesarten außen vor lassen, sind die Auswirkungen auf Konsumentinnen und Konsumenten. Auch wenn man die zweite These als "richtige" Lesart für HipHop heranzieht, bedeutet dies nicht zwangsläufig, dass die Intentionen der Rapperinnen auch so von den Rezipienten wahrgenommen werden. (vgl. Friedrich, Klein 2003: 208–209) Insgesamt scheint es zu den Auswirkungen von Rap auf die Hörer wenig Forschung zu geben.

In Frage stellt Felber die zweite Lesart aufgrund des hohen Anteils an Männern auf Seiten der Hörerschaft. Sie verweist darauf, dass Musik von feministischen Rapperinnen hauptsächlich von den wenigen weiblichen Hörerinnen gekauft wird und die feministische Botschaft das Gros der Szene somit gar nicht erreicht. Des Weiteren sei nicht zu erkennen, dass die weiblichen Fans auf sexistischen Rap verzichten, denn diese argumentierten entweder, dass der Inhalt der

Texte für sie irrelevant seien oder dass man keine Kritik üben dürfe, da die Sprache der Rapper ‚einfach so sei'. (vgl. Felber 2008: 19)

Laut Klein und Friedrich passen sich Rapperinnen zu großen Teilen an die ‚männlichen' Techniken des Battlerap an, weswegen „Frauen den Spieß zwar umdrehen können, der Spieß aber eigentlich nicht ihrer ist." (Friedrich, Klein 2003: 208)

4.3. Zwischenfazit: Sexismus und Rollenbilder im Rap

Nun wurde ausführlich der bisherige Forschungsstand zu Sexismus im Rap dargelegt. Wir wissen nun, dass das vorherrschende Frauenbild sehr einseitig ist, jedoch gilt dies auch für das Männerbild. Männer haben dominant, stark, aggressiv und im Mittelpunkt stehend zu sein, während für Frauen das Gegenteil gilt, sie nehmen eine unterwürfige Rolle ein und sind am Ende mehr ein Objekt, das der Profilierung des männlichen Rappers dient. Diese Verhältnisse spiegeln sich in Texten, wie auch in Musikvideos wieder. Auch homophobe Texte kommen häufig im Rap vor, (männliche) Homosexualität wird mit Schwäche und Weiblichkeit verbunden, widerspricht somit dem einseitigen Männerbild und gilt insgesamt als verwerflich. Weibliche Rapperinnen bewegen sich irgendwo zwischen dem Eingliedern in die bestehenden Rollenbilder und dem Sprengen ebendieser. Die Rolle der, sich in der Unterzahl befindenden, weiblichen Rapperinnen ist schwer zu greifen, bewegen diese sich irgendwo zwischen Eingliederung in bestehende Rollenbilder und Ermächtigung und Neudefinierung ebenjener. Dies zeigt sich deutlich am Begriff „Bitch", welcher einerseits eine Umdeutung erfährt, die alte Bedeutung jedoch noch genauso erhalten bleibt.

Auffallend ist, dass in der Literatur kaum unterschieden wird zwischen unterschiedlichen Subgenres. Es wird meist Rap als Ganzes beschrieben, somit scheinen die beschriebenen sexistischen Aspekte sich entweder durch das komplette Genre zu ziehen oder aber es wird zwar meist nur Rap geschrieben, doch Gangsta Rap gemeint. Es kann auch daran liegen, dass eine so große Bandbreite an unterschiedlichen Subgenres noch nicht so lange besteht und vor einigen Jahren noch Gangsta Rap und damit verwandte Spielarten eine viel größere Rolle gespielt haben. Jedoch bleibt ein wenig unklar, ob das Phänomen des Sexismus sich durch das komplette Genre zieht oder sich eben nur auf den Gangsta Rap beschränkt.

5. Forschungsfrage

Ich will nun untersuchen, ob und wie sich der Sexismus innerhalb von Rap unterscheidet, mit Hilfe der an Grimm angelehnten Unterteilung in ‚guten' und ‚schlechten' Rap.

Da aus dem bestehenden Forschungsstand nicht vollkommen klar wird, wie verbreitet Sexismus im Rap ist, ob er so sehr dazu gehört, dass er sich durch alle Arten von Rap zieht oder ob man ihn nur im Gangsta und Battle Rap findet, will ich genau dies untersuchen. Ich will vergleichen, wie es sich mit Sexismus einmal im ‚guten' und auf der anderen Seite, im ‚schlechten' Rap, verhält. Die Vermutung liegt nahe, dass im erstgenannten weitaus weniger Sexismus vorhanden ist, als im ‚schlechten' Rap. Das repräsentierte Frauen- und auch Männerbild würde sich somit stark unterscheiden, die beiden Geschlechter würden im ‚guten' Rap also weniger im Sinne der traditionellen Rollenbilder dargestellt, als im ‚schlechten' und Abwertung gegenüber Frauen wäre im ‚guten' auch nicht zu erwarten. Doch vielleicht gibt es auch gesellschaftlich tolerierten Sexismus, welcher dann auch durchaus im ‚guten' Rap vorkommen könnte. Die Differenzierung zwischen hostilem und benevolentem Sexismus könnte für die Untersuchung interessant sein, so könnte es natürlich sein, dass im ‚schlechten' Rap der hostile, während im ‚guten' Rap der benevolente Sexisus überwiegt. Angeregt wurde diese Frage unter anderem durch eine Aussage von *Sookee*, welche sich darauf bezieht, dass auch bei ‚gutem' Rap Sexismus vorhanden sei, nur dass er sich eben nicht durch die Begrifflichkeiten, sondern durch die Narration manifestiert. (Interview 2015: 56)

6. Methode: Sequenzanalyse

Für den empirischen Teil wähle ich die Methode der Sequenzanalyse. Ich werde zwei Songtexte auf diese Art und Weise untersuchen und daraufhin die Ergebnisse miteinander vergleichen. Die Sequenzanalyse ist ein Element der Objektiven Hermeneutik, welche von Ulrich Oevermann eingeführt wurde. (vgl.Wernet 2009: 11) Diese „geht davon aus, dass sich die sinnstrukturierte Welt durch Sprache konstituiert und in Texten materialisiert" (Wernet 2009: 11) Somit ist der Text als Basis das Medium um Rückschlüsse auf die dahinter liegende Wirklichkeit zu ziehen. Eine bestimmte Wirklichkeit entsteht durch Selektivität eines Individuums, Entscheidungen für oder gegen eine Handlungsweise folgen einer bestimmten Struktur, welche „der Lebenspraxis ihre Identität" (Wernet 2009: 15) verleiht. Das Ziel der Objektiven Hermeneutik ist nun „die Rekonstruktion der Strukturiertheit der Selektivität einer protokollierten Lebenspraxis" (Wernet 2009: 15) Wichtig für die Sequenzanalyse ist die Tatsache, dass die Selektivität in einer chronologischen Abfolge geschieht. So werden kleine Sequenzen bestimmt, zwischen denen die Entscheidungen gefällt werden. „Die Kette solcher Selektionsknoten ergibt die konkrete Struktur des Gebildes." (Oevermann 1991, 270) Von Interesse ist letztendlich die latente Sinnstruktur, dies heißt, dass der „Text nicht aus der Perspektive der Motive und Intentionen der Handelnden" (Wernet 2009: 18) gedeutet wird, sondern ein verdeckter Inhalt, der hinter dem subjektiv-intentionalen Text steht, gesucht wird.

Die Prozedur der Sequenzanalyse folgt einem bestimmten Ablauf: Im ersten Schritt werden Geschichten erzählt, man überlegt sich also mögliche Szenarien, in welchen das gesagte auch hätte gesagt werden können. Im zweiten Schritt werden mit Hilfe der Geschichten Lesarten bestimmt, will heißen, dass die Geschichten auf Strukturgemeinsamkeiten untersucht werden und somit unterscheidbare Bedeutungstypen gebildet werden. Im dritten Schritt werden diese Lesarten mit dem tatsächlichen Kontext konfrontiert, woraus dann eine Fallstrukturhypothese gebildet werden kann. (vgl. Wernet 2009: 39) So geht man von Sequenz zu Sequenz um herauszufinden, ob die anfängliche Hypothese im weiteren Verlauf verifiziert oder falsifiziert werden kann.

Die Interpretation der Sequenzanalyse folgt fünf Prinzipien, an die sich gehalten werden soll. Dabei handelt es sich um:

1. Kontextfreiheit: Die betrachtete Sequenz soll (vorerst) unabhängig vom eigentlichen Äußerungskontext betrachtet werden. Dies geschieht in Form der unterschiedlichen Geschichten und ist nötig um der latenten Sinnstruktur beizukommen.

2. Wörtlichkeit: Es ist darauf zu achten, die Worte so zu betrachten, wie sie protokolliert sind und nicht der eigentlichen Intention folgen. Dies ist besonders im Falle eines Versprechers zu beachten.

3. Sequenzialität: Man sucht nicht im Text nach passenden Textstellen, sondern wandert von einer Sequenz zur nächsten, dadurch soll der Bildungsprozess rekonstruiert werden.

4. Extensivität: Die Extensivität bezieht sich auf die geforderte Ausführlichkeit. Alle möglichen Lesarten sind zu berücksichtigen, nichts darf von vornherein als unwichtig erachtet werden.

5. Sparsamkeit: Das Prinzip der Sparsamkeit steht der Extensivität gegenüber, denn es verweist darauf, dass Lesarten, die nicht wirklich mit dem Text vereinbar sind, vernachlässigt werden sollen.

(vgl. Wernet 2009: 21-39)

7. Vergleich zweier Songtexte

Nun folgt der empirische Teil meiner Arbeit. Hier will ich, wie schon gesagt, untersuchen, ob sich Sexismus innerhalb von Rap unterscheidet.

Als Material sollen hier Musikstücke zwei kontrastreicher Rapper genutzt werden. Der erste Songtext stammt von dem Rapper *Shindy*, welcher für den ‚schlechten‘ Rap steht. Als Gegenbeispiel wird der Rapper *Cro* herangezogen, welcher als ‚softerer‘ und gesellschaftlich anerkannter Rapper gilt und somit für den ‚guten‘ Rap steht.

Von *Cro* wähle ich hierzu das Stück „Easy“ und von *Shindy* den Song „Venedig“. Ich benenne zuerst ein paar Daten der beiden Rapper. Diese sollen deutlicher machen, weswegen ich die beiden Rapper gewählt habe und in die jeweiligen Gruppen eingeordnet habe.

Der Rapper *Shindy* gewann in den Jahren 2012 und 2013, im Zuge seines Vertrags bei *Bushidos* Label „ersguterjunge“ stark an Bekanntheit (vgl. hiphop.de 2013). Davor flog er fast gänzlich unter dem Radar der deutschen Rap-Szene, doch an der Seite von *Kay One* und später auch *Bushido*, schaffte er es, sich einen festen Platz in der Rap-Szene zu sichern. Aufsehen erregte er im Jahr 2013, als ein Lied, in welchem die Namen einiger Politiker genannt wurden und das in Kooperation mit *Bushido* entstand, indiziert wurde und Anzeigen folgten (vgl. Bundesprüfstelle 2013; Spiegel Online 2013). Er steht für eine ausgefeilte Rap-Technik, also gekonnte Reime und ein lässig wirkender, ausgereifter Flow, wie auch für einseitige Themen, meist Geld, Frauen und das Leben im Jetset im Allgemeinen. Er ist eher nicht im Gangsta Rap einzuordnen, kriminelle Machenschaften spielen eine untergeordnete Rolle, doch kann man seine Musik auf jeden Fall als Battle-Rap bezeichnen, da sie von Selbstbeweihräucherung und Herabwürdigung seines Gegenübers lebt. Aufgrund seiner vulgären Texte ist er zweifelsohne dem ‚schlechten‘ Rap zuzurechnen. Von ihm wähle ich das Stück „Venedig“, da es darin um eine Frau geht und somit von einer Einsicht in das Frauenbild auszugehen ist.

Der Rapper *Cro* ist derzeit einer der bekanntesten und kommerziell erfolgreichsten Rapper in Deutschland (vgl. musikexpress 2013). Er wurde mit dem Song „Easy“, im Jahr 2011, innerhalb kürzester Zeit bekannt. Seither schafft er es, seinen Erfolg zu halten und weiter auszubauen. Er gilt als freundlich, ungefährlich und Mädchenschwarm, Fäkal- und politisch unkorrekte Sprache kommen bei ihm kaum vor (vgl. Bayer, 2012; Kölner Stadt Anzeiger 2014; Rapupdate 2015). Seine Musik ist zumeist bestimmt von einer positiven Grundstimmung.

Auch in dem ausgewählten Lied „Easy" geht es um eine Frau, wodurch mit Erkenntnissen bezüglich der Geschlechterrollen zu rechnen ist.

7.1.   Shindy - Venedig

Der Text beginnt mit: „Meine italienische Bitch in Valentino High Heels, Makeup Artist, schokobrauner Teint, pechschwarzes Haar und ein Lächeln, das noch weißer als das Bettlaken strahlt".

Betrachtet man die Sequenz als Ganzes, fällt es schwer, realistische Geschichten zu finden, in denen der Wortlaut der gleiche sein könnte. Das liegt in erster Linie daran, dass es sich hier eben um einen Songtext handelt und nicht um Aussagen, die so in einem Gespräch fallen würden. Die Grammatik wäre in dem Fall eine andere und auch die Aufzählung über die Äußerlichkeiten der beschrieben Frau wäre vom Wortlaut wohl anders. Darum und da davon auszugehen ist, dass sich dies weiter so durch den Text ziehen wird, scheint die übliche Vorgehensweise: Geschichten ausdenken, Lesarten bilden, Konfrontation mit dem tatsächlichen Äußerungskontext hier nicht so richtig zielführend. Auch die Konfrontation mit dem tatsächlichen Kontext kann hier nicht im üblichen Sinne vollzogen werden, da wir es nicht wie, beispielsweise in einem Interview, mit einer bestimmten Situation, in welcher das Individuum sich bewusst mit dem Gegenstand der Forschungsfrage auseinandersetzt und frei heraus antwortet, zu tun haben. Der Äußerungskontext ist einfach ein Liedtext, der zumindest das Thema „Frauen" auf irgendeine Art und Weise behandelt. Dies soll jedoch nicht heißen, die komplette Vorgehensweise sei hier fehl am Platz, einzelne Elemente lassen sich durchaus auf diesem Weg analysieren. Beispielsweise die ersten drei Worte „Meine italienische Bitch", die entweder Teil einer Aufzählung sein könnten, der Beginn einer Beschreibung oder eventuell auch eine Anrede, machen Sinn auf diesem Weg zu analysieren, jedoch passt das Musikstück als Ganzes nicht zu exakt diesem Vorgehen. Somit will ich dennoch versuchen grob nach diesem System vorzugehen, doch fällt der exakt unterteilte Dreischritt eben schwerer. Ich werde die Sequenzen somit zuerst befreit von ihrem Kontext betrachten, im Sinne der Geschichten- und Lesartenbildung auf Besonderheiten untersuchen und danach mit dem tatsächlichen Kontext konfrontieren, nur werden die Schritte nicht so exakt unterteilt, sondern vermischen sich ein wenig, da wie gesagt, die Bildung unterschiedlicher Geschichten oftmals nicht so einfach möglich ist.

Als erstes Wort haben wir es also mit einem Possessivpronomen zu tun, welches sich auf einen Besitz des Verfassers bezieht. Darauf folgt auch schon, auf was es bezogen ist: die „italienische Bitch". Der Begriff „Bitch" kommt aus dem Englischen, bedeutet, wie schon erläutert, so viel wie Schlampe und findet häufig Verwendung in Rap-Texten. Es kann sein, dass er hier für eine promiskuitive Frau verwendet wird, als Synonym für seine Freundin (oder zumindest regelmäßige Sexualpartnerin) oder gar als Synonym für „Frau" ganz generell. Dies sind alles gängige Varianten, für die Nutzung des Begriffs. Jede der Varianten hat eine negative Konnotation und impliziert eine Abwertung der besagten Frau. (Für Männer wird der Begriff in der Regel nicht verwendet, höchstens um ihnen eben die Männlichkeit abzusprechen und Weiblichkeit vorzuwerfen.) Das Possessivpronomen zu Beginn weist darauf hin, dass irgendeine Art von Beziehung zwischen den Beiden existiert, entweder ist diese von beständiger Natur oder eine einmalige Sache, jedoch wäre es im zweiten Fall ein wenig wahrscheinlicher, dass das „Meine" durch „Die" ersetzt würde. Er nennt die Nationalität seiner „Bitch", dafür gibt es zwei wahrscheinliche Gründe. Erstens könnte es sein, dass Shindy noch weitere Frauen anderer Nationalitäten „hat" und somit diese kenntlich zu machen, als die „italienische". Somit könnte es Teil einer Aufzählung seiner Frauen sein. Allerdings besteht auch die Möglichkeit, dass er ihre Nationalität erwähnt um sie hervorzuheben, weil diese als besonders begehrenswert gilt. Eventuell findet er italienische Frauen am attraktivsten oder spricht ihnen sonstige positive Attribute zu. Nun folgt eine Aufzählung, in der er ihr Äußeres beschreibt. Dadurch scheint es sich um keine Aufzählung von mehreren Partnerinnen Shindys zu handeln, die Frau spielt also wahrscheinlich eine größere Rolle in Shindys Leben. Sie trägt High Heels der Modemarke Valentino, welche als äußerst teuer und elegant gilt, bezeichnet sie als Makeup Artist, was die Berufsbezeichnung für das professionelle Schminken ist. Dadurch ist klar, dass sie gut mit Makeup umgehen kann, erwähnt wird es vielleicht, weil somit klar steht, dass sie selbst gut geschminkt ist. Es könnte jedoch auch sein, dass er einfach ihren Beruf nennen will, um sie näher vorzustellen, da sich aber alle anderen Aspekte auf ihr Aussehen beziehen, ist die erste Variante naheliegender. Er beschreibt ihr Äußeres mit Hilfe von gesellschaftlich anerkannten Schönheitskriterien. Ihr Teint ist sehr braun, was im Gegensatz zu bleicher Haut als erstrebenswert gilt, ihr Haar ist „pechschwarz", also mindestens so dunkel, wie das von Schneewittchen, die bekanntermaßen „die schönste im ganzen Land" ist und ihr Lächeln strahlt weißer als das Bettlaken. Der Hörer weiß nun natürlich nicht, wie weiß das Bettlaken strahlt, es könnte theoretisch auch sehr gelblich sein, die bisherige Beschreibung, allem voran die teuren High Heels, lassen einen jedoch an ein sehr edles, frisches und weißes Laken denken. Normalerweise strahlen Zähne nicht, jedoch wird diese Redewendung eben oft benutzt, um auf das makellose Weiß von Zähnen aufmerksam zu machen.

Eine Hypothese, die man aus der ersten Sequenz bilden kann, ist, dass der Protagonist, Shindy, ein abwertendes Frauenbild hat, die Bezeichnung als „Meine [...] Bitch" weist auf ein deutliches Machtgefälle zwischen den Beiden hin. Die beschriebene Frau scheint für ihn mehr Objekt als menschliches Subjekt zu sein, einzig ihr äußeres Erscheinungsbild ist von Interesse und das obwohl wahrscheinlich irgendeine Art von Beziehung, die über einen längeren Zeitraum andauert, vorhanden ist. Eine Hypothese zu dem grundsätzlichen Frauenbild Shindys, als Vertreter des ‚schlechten' Rap, aufzustellen, ist nicht ganz leicht, da (bisher) eben nur diese eine Frau beschrieben wurde. Jedoch kann man vermuten, dass Frauen generell attraktiv zu sein haben, um Wertschätzung zu erhalten, dass Charakter, innere Werte und die Meinung einer Frau irrelevant sind und sie nur dazu dienen, Männer zu befriedigen.

Weiter geht es mit: „Hast du schon mal deine Bitch zu deiner eigenen Musik gefickt, auf dem gedeckten Tisch, wenn sie schreit: ‚Ich liebe dich!', wenn sie kommt und die Pussy schmeckt nach Bienenstich?" Er bezieht sich wieder auf seine „Bitch" und richtet an den Hörer die Frage, ob dieser schon einmal Sex mit seiner hatte, während die eigene Musik lief. Dadurch, dass er unterscheidet zwischen „meiner" und „deiner Bitch", liegt es nahe, dass die Rede von der Freundin oder einer beständigen Sexualpartnerin ist und die beschriebene Frau somit kein One-Night-Stand für ihn ist. Die Frage kann auf einer rein informationellen Ebene gestellt werden oder sie hat ein herausforderndes Element und impliziert, dass er selbst dies schon getan hat und vermutet, dass der Hörer es nicht getan hat. In diesem Fall wird dies sicher positiv gewertet, also als erlebenswert betrachtet. Der Umstand, dass die eigene Musik während des Geschlechtsaktes zu hören als besonders erstrebenswert gilt, vielleicht auch sexuell erregt, lässt auf eine gewisse Selbstverliebtheit schließen. Er spricht davon, dass er sie fickt, nicht sie ihn oder sie beide miteinander, somit nimmt er die aktive Rolle ein und sie eine passive, er hat die Kontrolle und sie lässt mit sich machen. Erwähnt wird auch der gedeckte Tisch, auf dem das ganze geschieht. Dieser weist auf eine Spontanität der beiden hin, vielleicht waren sie kurz vor oder während dem Essen oder haben es gerade hinter sich. Dann wird noch erwähnt, dass sie schreit, sie liebe ihn. Wenn man bedenkt, dass diese Worte eine große Bedeutung haben, auch als „die drei magischen Worte" bezeichnet werden, ist dies schon interessant. Erstens stellt sich die Frage, ob dies im Affekt - vielleicht aufgrund des berauschenden Geschlechtsverkehrs - geschieht oder aufrichtige

Gefühle offenbart werden. Die Bedeutung die diesen Worten gesellschaftlich beigemessen wird, lässt aber Zweifel daran, dass sie ohne Überzeugung gesagt werden. Falls sie ihn nun wirklich liebt, folgt die Frage, ob dieses Gefühl auf Gegenseitigkeit beruht oder nur einseitig von der Frau ausgeht. Es ist schwer vorstellbar, dass es hier um ein echtes Liebespaar geht und Shindy die Frau dennoch als Bitch bezeichnet, so oder so ist jedoch ein deutliches Gefälle zwischen den beiden zu erkennen. Der letzte Teil der Frage bezieht sich auf den Geschmack ihrer „Pussy", einem anderen, vulgäreren, aus dem Englischen stammenden Begriff für Vagina. Er sagt, diese schmecke bei ihrem Orgasmus nach Bienenstich, womit wahrscheinlich nicht der Stich einer Biene, sondern der Kuchen gemeint ist. Entweder dient die Aussage dazu, hervorzuheben, wie sehr ihm der Geschmack zusagt oder der Geschmack erinnert ihn tatsächlich an den von einem Bienenstichkuchen. So oder so wird betont, wie begehrenswert die Frau ist.

Da es im Anschluss an die Beschreibung ihrer äußerlichen Merkmale nicht um eine Beschreibung ihres Charakters oder Ähnlichem ging, ist zu vermuten, dass für Shindy tatsächlich nur das äußere Erscheinungsbild von Interesse ist. Dies scheint vor dem Hintergrund, dass wohl tatsächlich eine längerfristige Beziehung zwischen Shindy und der Frau besteht, besonders abstrus, sind innere Werte für eine solche Beziehung in aller Regel von Bedeutung. Die Dynamik zeigt sich hier dadurch deutlich: Er führt diese Beziehung mit der Frau wohl nur wegen ihres Aussehens und betrachtet die Frau nur als Objekt der Begierde, sie hingegen scheint ihn zu lieben, somit ist ein Machtgefälle erkennbar, er selbst ist in einer deutlich höheren Position als sie. Die Hypothese zum generellen Frauenbild kann also nicht falsifiziert werden, eine Frau hat sich dem Mann unterzuordnen und die Aufgabe, ihn zu befriedigen, auch beispielsweise die Erwähnung ihres Ausrufs dient nicht der Auseinandersetzung mit (ihren) Gefühlen, sondern ausschließlich seiner Beweihräucherung.

Weiter geht es mit: „Schwarzweiß Film laufen, doch du kennst die Titel nicht, Willkommen in Venedig". Da diese beiden Zeilen bezüglich der Forschungsinteresse irrelevant sind, gehe ich darauf nicht näher ein, es bleibt nur festzuhalten, dass das ganze offenbar in Venedig stattfindet.

Darauf folgen die Zeilen: „Schließ' uns in der Suite ein – goldener Käfig, mit Whirlpool und Heimkino, sie nennt Wein Vino". Es stellt sich also heraus, dass die beiden sich im Hotel befinden und zwar in der Suite, also vermutlich in einer hochpreisigen Räumlichkeit. Die Tatsache, dass es hier Heimkino und Whirlpool gibt, stützt diese Vermutung. Er beschreibt die Suite als einen goldenen Käfig, zum Käfig wird sie jedoch nur dadurch, dass er sie beide einschließt. Somit ist es für ihn kein wirklicher Käfig, er hat die Macht, jederzeit aufzumachen und zu gehen, allein für die Frau wirkt die Suite so wie ein „goldener Käfig". Dass sie Wein Vino nennt, ist vor dem Hintergrund, dass sie Italienerin ist, wenig imposant. Vielleicht wird es erwähnt, weil er den Klang des Wortes mag und elegant findet oder weil er es als intellektuell empfindet. Klar wird daraus nur, dass Wein ein Gesprächsthema ist, vielleicht soll die Zeile auch implizieren, dass sie eine Weinkennerin ist. Die folgende Zeile lautet: „Könnte Model sein, doch ihr Arsch passt nicht in Size Zero". Size Zero ist eine sehr kleine Kleidergröße, passt also nur ausgesprochen dünnen Menschen. Entweder könnte sie trotz dieses Umstandes Model sein oder sie könnte eins sein, wenn der „Arsch in Size Zero" passen würde. In beiden Fällen kann man davon ausgehen, dass ihre Figur und ihr Aussehen ansonsten dem, eines Models gleichen, nur ihr Po ist eben größer, als der eines typischen Models. Es ist nicht ganz klar, ob Shindy dies als positiv oder negativ empfindet, jedoch gilt ein großer Hintern derzeitig als Schönheitsmerkmal, darum ist ersteres wahrscheinlicher und passt auch besser in das bisher gezeichnete idealisierte Bild der Frau. (Gedanke dazu: Vergleicht man Musikvideos von vor ungefähr 10 Jahren mit heutigen, fällt auf, dass der Fokus von den Brüsten der Frauen sich viel mehr auf den Po verlagert hat.) Der Text geht weiter mit: „Sie sagt, echte Frauen machen's nicht in Nike Air". Nach dem Satz „Ich liebe dich!", ist das das erste was sie von sich gibt. „machen's", also „machen es" ist eine allgemein gültige Umschreibung für Geschlechtsverkehr, „es" also ein Synonym für „Sex" und Nike Air können unterschiedliche Schuhmodelle sein. Es gibt beispielsweise Nike Air Max oder Nike Air Force, beides sind populäre und sportliche Modelle. Laut der namenlosen Frau, tragen „echte Frauen" diese Schuhe nicht beim Sex. Vielleicht sind die „Nike Air" als Stellvertreter für Schuhe allgemein zu betrachten, vielleicht meint sie jedoch genau diese, bei Jugendlichen sehr beliebten, Schuhe und meint mit „echte Frauen" „erwachsene Frauen". Wir erinnern uns, dass sie zu Beginn mit „Valentino High Heels" beschrieben wurde, eventuell tragen ihrer Ansicht nach echte Frauen eben solche Schuhe beim Sex. „Und trägt ihren Schmuck, wenn wir ficken – Schweißperlen" lautet die darauf folgende Zeile. Sie trägt also nicht nur (höchstwahrscheinlich) ihre High Heels beim Sex, sondern auch Schmuck. Die erste Deutungsmöglichkeit, die in den Sinn kommt, ist jedoch ein Wortspiel. Demnach schwitzt sie aufgrund des anstrengenden Geschlechtsverkehrs und hat somit Schweißperlen auf der Haut. Da der zweite Teil des Wortes – Perlen – häufig Teil von Schmuckstücken ist, nennt er die Schweißperlen ihren Schmuck. Hier macht es Sinn zu erwähnen, dass Wortspiele im Rap ein gern genutztes

Stilmittel sind, welches oft jedoch keinem tieferen Sinn dient, also in erster Linie des Wortspiels wegen gemacht wird. Es könnte dennoch auch sein, dass er betonen will, dass sie ihren Schmuck während des Geschlechtsaktes anlässt und die „Schweißperlen" von dem Schmuck getrennt zu betrachten sind. In diesem Fall will Shindy wohl ihre Eleganz betonen, da sie selbst während dem Sex Schmuck und edle Schuhe anbehalten will.

Die letzten zwei Zeilen der Strophe lauten „Ich bin Undercover in Venedig diesen Sommer und lebe wie Diego Maradona". Die beiden Zeilen sind aufgrund des geringen Bezugs zur Thematik zu vernachlässigen, nur auf den Maradona-Vergleich will ich kurz eingehen. Diego Maradona ist ein ehemaliger äußerst erfolgreicher Fußballer. Insgesamt ist das der Profifußball durch vergleichsweise hohe Gehälter gekennzeichnet. Maradona im speziellen ist bekannt für einen exzessiven Lebensstil, machohaftes Auftreten und überaus großes Ego. Auf einen oder mehrere dieser Aspekte bezieht sich Shindy höchstwahrscheinlich in dieser Zeile.

Somit gab es in der ersten Strophe keinen Hinweis mehr darauf, dass die eingangs aufgestellte Hypothese falsch sei.

Darauf folgt der Refrain: „Wir ficken in Venedig, willkommen im Paradies, Blowjob während ich ein Sonnenbad genieß", lauten die ersten beiden Zeilen davon. Wie schon bekannt, erwähnt Shindy hier nochmal, den Aufenthalt in Venedig und den dortigen Sex. Darauf folgend, heißt er den Hörer Willkommen. Da dieser jedoch nicht physisch bei Shindy in Venedig anwesend ist, ist dies vielleicht als „Willkommen in meiner Erzählung" zu verstehen oder aber, es ist so zu verstehen, dass er sich selbst Willkommen in Venedig, dem Paradies, fühlt. Warum er es als Paradies empfindet hat er nun schon ausreichend dargelegt, jedoch fügt sich die nächste Zeile einwandfrei in die Reihe ein. Er erhält einen Blowjob, ein anderes Wort für Fellatio, während er „ein Sonnenbad genießt". Es wird nicht genau gesagt, jedoch ist es naheliegend, dass dieser von der gleichen Frau wie bisher kommt. Weiter geht es mit „Manche Leute machen Flitterwochen in Paris, aber ich und meine italienische Bitch, wir ficken in Venedig". Es fällt auf, dass die erste und die letzte Zeile identisch sind – „Wir ficken in Venedig". Hier liegt also eine besondere Betonung drauf, wahrscheinlich sind diese beiden Dinge, „Ficken" und „Venedig", elementar für ihn. „Ficken" ist, schon alleine durch den Klang, recht harter Begriff für Sex, es schwingt eine gewisse Animalität mit und Venedig gilt mit den all den Kanälen als sehr romantische Stadt. Diese beiden Dinge in Kombination scheinen für Shindy also das Paradies auszumachen. Er bezieht sich auch auf Paris und sagt, dass andere Menschen dort ihre Flitterwochen verbringen. Da Paris auch „die Stadt der Liebe" genannt wird, scheint Venedig hier als eine Art Konkurrent zu gelten. Vielleicht sieht Shindy Venedig als „die Stadt des Sex", als Gegenstück zu Paris – andere Menschen verbringen die Flitterwochen, wo es um Liebe und eine Zusammenkunft auf psychischer Ebene, geht, in Paris, und Shindy hat Sex in Venedig, also steht bei ihm die physische Verbindung zweier Menschen im Vordergrund. Der Refrain wird noch einmal wiederholt, was die Wichtigkeit des Ganzen unterstreicht.

Die zweite Strophe beginnt mit: „Meine Bitch kniet auf dem Marmorboden" Es geht wieder um die Frau, wieder wird sie „Meine Bitch" genannt. Zwei Begriffe stechen heraus, das ist einmal „kniet" und dann „Marmorboden". Passend zur betonten Eleganz und dem Reichtum passt der Marmorboden, welcher als teuer gilt, doch warum kniet Shindys Frau dort? Vielleicht putzt sie ihn, jedoch ist das unwahrscheinlich, sind die beiden doch im Hotel, wo in aller Regel vom Personal geputzt wird. Vielleicht sucht sie dort auch etwas, es gibt unzählige Möglichkeiten. aufgrund der Wichtigkeit des Sex ist es jedoch wahrscheinlich, dass es damit zu tun hat, vielleicht deutet Shindy also wieder den Fellatio an. Sie „fragt: ‚Baby, bitte kannst du mir den Arsch versohlen?'" Es gibt im Grunde zwei Situationen, in denen einer Person der anderen den Hintern versohlt. Der erste hat eine soll einen erzieherischen Effekt haben, wenn zum Beispiel ein Kind etwas angestellt hat und daraufhin von einem Elternteil den Hintern versohlt bekommt. Der zweite ist ein daraus entstandener, abgewandelter, sexueller Akt. Er kann Teil eines Rollenspiels sein, es bestehen zumindest klar definierte Rollen, eine Person ist dominant und die andere unterwürfig. Fragt die Frau nun Shindy, ob er ihr den Po versohlt, befördert sie sich automatisch in die unterwürfige Rolle und aufgrund des bisherigen Textes ist natürlich von der zweiten Situation auszugehen.

Es geht weiter mit: „Im Moschino-Kleid, als käme sie vom Tanzball". Moschino ist eine hochpreisige Modemarke, von der wohl ihr Kleid stammt, welches gut auf einen Ball passen würde. Wie schon zuvor dient dieses Kleid dazu, ihre besondere Exklusivität zu betonen, der Ball ist eine Veranstaltung, auf der traditionelle Tänze zu klassischer Musik getanzt werden. Die nächste Zeile lautet: „Fick' sie durch die Suite, bis die Gemälde von der Wand fallen". Es geht also wieder um den Geschlechtsakt, dieser wird ausgeführt, „bis die Gemälde von der Wand fallen". Dies könnte sich einerseits auf die Dauer beziehen, die beiden haben also bildlich gesprochen, so lange Sex, bis das Gebäude marode wird und die Bilder aus diesem Grund von der Wand fallen oder es bezieht sich auf die

Intensität des Sex, dieser ist vielleicht so hart und wild, dass die Wände wackeln und die Gemälde herunterfallen. Wie schon zuvor, ist es wieder so, dass „er sie fickt", er also die aktive und sie die passive Rolle einnimmt. Weiter geht es mit: „It's all about the Benjamins, Panorama-Blick auf Venedig, wenn wir ficken auf dem Fenstersims". Die erste Zeile hiervon ist auf Englisch gerappt, sie ist ein Zitat vom gleichnamigen Song des US-amerikanischen Rappers P. Diddy. „Benjamins" ist ein gängiger Begriff für das große Geld, da auf dem 100 $-Schein Benjamin Franklin zu sehen ist. (vgl. genius.com/4231600/Shindy-venedig/Its-all-about-the-benjamins) Übersetzt heißt die Zeile somit so viel wie: „Es dreht sich alles nur ums Geld". Dies weiß man als Hörer nun schon, da materielle Besitztümer und Sex im Großen und Ganzen die einzigen Themen des Musikstücks sind. Neu in der zweiten Zeile sind der Panorama-Blick und das Fenstersims. Der Sex auf dem Fenstersims zeigt nochmals, wie viel Sex die beiden haben und sie sich eben auch nicht scheuen, dies auf dem Fenstersims, wo man ja gesehen werden könnte, zu tun. Dass sie einen Panorama-Blick auf Venedig haben zeigt, dass ihre Suite hoch gelegen ist. Die folgenden beiden Zeilen lauten: „Candle Light Dinner auf der Dachterasse, 75 Euro eine Wasserflasche" Zum ersten Mal wird hier die Frau in einem nicht sexuellen Kontext mit einbezogen, sofern man davon ausgeht, dass das Candle Light Dinner mit der Frau von bisher abgehalten wird. So ein Candle Light Dinner gilt als sehr romantische Form miteinander Zeit zu verbringen. Dies bildet somit ein Gegenpol zur bisher geschilderten harten, pornographischen Erotik. Die darauf folgende Zeile richtet den Blick jedoch wieder direkt auf das wesentliche, denn wie wir wissen, „it's all about the Benjamins". Eine Wasserflasche für den Preis von 75 Euro ist ein für viele kaum vorstellbarer Preis. Man kann sich überlegen, dass dies vielleicht ein ganz besonderes Wasser sei, da Wasser ab einem bestimmten Grad, zu dem es in der Regel noch erschwinglich ist, kaum besser werden kann, ist klar, dass es sich hier wieder um eine Betonung des eigenen Reichtums handelt.

Interessant wird es in den folgenden Zeilen: „Ich kam einen weiten Weg hierher, jede Nacht geschuftet, als ob ich ein scheiß Esel wär, musste in der Kälte Kisten schleppen, Rückenschmerzen in der Regel". Hier wirft Shindy plötzlich einen Blick zurück in seine Vergangenheit. Er sagt er hatte einen „weiten Weg", was man bis dahin natürlich auch als geographische Beschreibung deuten kann, aber eben auch als eine temporale, denn es ist eine übliche Redewendung um auf einen beschwerlichen Werdegang hinzuweisen. Er musste nachts arbeiten, vielleicht also als Schichtarbeiter und zwar wie ein „scheiß Esel". „Wie ein Esel arbeiten" sagt man, um deutlich zu machen, wie hart die (meist körperliche) Arbeit ist. Wenn dies nun ein „scheiß Esel" ist, kann gemeint sein, dass der Esel scheiße ist, also irgendwie als schlecht empfunden wird oder es wird genutzt, um der Aussage mehr Kraft zu verleihen, ohne per se positive oder negative Konnotation, wie wenn man beispielsweise sagt: „Das ist wirklich ein scheißgutes Essen!" Er musste Kisten schleppen, also wirklich körperliche Arbeiten verrichten, diese brachten ihm Rückenschmerzen ein.

Es geht weiter mit „Hab' ich heut noch immer, doch die kommen von ihren Fingernägeln". Hier folgt auch schon wieder der Sprung zurück in die Gegenwart. Er vergleicht die Vergangenheit mit der Gegenwart anhand der Rückenschmerzen. Diese hat er auch heute noch, doch sind sie anderer Natur, denn sie stammen von „ihren Fingernägeln" und sind somit keine Schmerzen in den Muskeln und Knochen, sondern wahrscheinlich Kratzer auf dem Rücken. Man kann vielleicht zwei Ursachen für beabsichtigtes Kratzen mit den Fingernägeln ausmachen. Dies ist einerseits die Aggression, es könnte also sein, dass die Frau ihn aus Wut am Rücken kratzt und andererseits ist es die Passion, wenn sie ihn leidenschaftlich, wahrscheinlich beim Sex, über den Rücken kratzt. Da bisher ausführlich über das Sexleben der Beiden berichtet wurde, liegt die zweite Variante natürlich näher. Schaut man sich die letzten vier Zeilen zusammen an, sieht man eine einfache Variation des klassischen „American Dream", bloß war es in der Vergangenheit nicht die Arbeit als Tellerwäscher, sondern als Kistenschlepper.

Die folgende Zeile lautet: „Meine Bitch trägt ein unsichtbares Diadem". Ein Diadem ist ein Gegenstand welcher die Aufgabe hat, die Haare zusammenzuhalten. Es ähnelt dem Aussehen einer Krone und ist oft mit Schmuck verziert. Wenn Shindy meint, sie trage ein „unsichtbares Diadem", kann das bedeuten, dass ihre Haare wie von Zauberhand sehr gut zusammengehalten werden oder dass sie auch ohne Diadem so vornehm wirkt, als trage sie eins. Wenn man vom zweiten Fall ausgeht, entsteht hier eine interessante Dynamik, da Shindy sie einerseits als sehr vornehm empfindet, sie aber gleichzeitig als „Meine Bitch" bezeichnet, sie somit abwertet und hierarchisch unter sich selbst ansiedelt.

Die nächsten beiden Zeilen: „Wenn wir shoppen, sagen 10 Mille auf Wiedersehen, man ich kletter' diese Leiter rauf – Donkey Kong" bieten bezüglich des Forschungsinteresses keine neuen Aspekte, die letzte Zeile: „Google mal nach Bonvivant, Bitch" ist dafür nochmal interessant. Hier handelt es sich um eine direkte Aufforderung an den Hörer. „Bonvivant" ist eine Bezeichnung für eine Person, die ihr Leben in besonderem Maße genießt. Rückblickend auf den Text scheint dies auf Shindy zuzutreffen, beschreibt er doch ein entspanntes Leben voller Reichtum und Geschlechtsverkehr mit einer attraktiven Frau. Wenn er dieses Mal „Bitch" sagt, ist dies im Gegensatz. Somit ist hier vermutlich von einer anderen Bedeutung also bisher auszugehen: einerseits dient das Wort dazu, der Aussage mehr Kraft zu verleihen, andererseits ist es wohl an den Hörer gerichtet, soll diesen also herabwürdigen. Da dessen Geschlecht für Shindy jedoch unbekannt ist, bezieht er sich wahrscheinlich nicht auf dessen Promiskuität, sondern soll vielmehr eine Beleidigung ohne bestimmte Bedeutung sein.

Shindy beschreibt in seinem Lied (vom äußeren Erscheinungsbild) gewissermaßen ein Idealbild einer Frau und nennt genau diese Frau dann abwertend „seine Bitch". Damit hebt er sich über sie und da sie ein für viele Menschen unerreichbares Idealbild darstellt, auch genauso über all jene. Somit dient sie nur als Objekt um die eigene Größe und männliche Überlegenheit deutlich zu mache. Darum spielt sie selbst als Person, obwohl das ganze Lied von ihr handelt, eigentlich keine Rolle, sondern ist vielmehr ein Statussymbol. Das dargestellte Frauenbild besteht aus der Ambivalenz zwischen der als perfekt empfundenen Frau und deren Degradierung mittels der Beschreibung bestimmter sexueller Praktiken und Begrifflichkeiten wie beispielsweise „Bitch". Somit vermischen sich hier gewissermaßen benevolenter und hostiler Sexismus. Den hostilen Sexismus erkennt man eindeutig an den genannten Begrifflichkeiten, während der benevolente sich dadurch manifestiert, dass eine schöne Frau als etwas wertvolles gilt, nicht umsonst wird auch vom „schönen Geschlecht" gesprochen. Dennoch wird die Frau als das, im Rap gängige Klischee der Schlampe dargestellt. Die eingangs formulierte Hypothese konnte im weiteren Verlauf nicht falsifiziert werden,

7.2.　　Cro - Easy

Die erste Zeile „Leute sagen zu mir ‚Cro, das Genie'" beinhaltet eine wörtliche Rede. „Die Leute" werden zitiert, laut Cro nennen sie ihn ein Genie. Ein Genie bezeichnet eine Person, welche auf einem bestimmten Gebiet besondere Leistungen erbringt. Sie besitzt außerordentliches Können, welches sich nicht durch Lehre, sondern durch eine besondere Begabung, ein Talent erklärt. Es ist nicht klar, ob mit „sagen zu mir" gemeint ist, dass sie ihn persönlich ansprechen und direkt zu ihm sagen: „Cro, das Genie", oder ob es eher mit „nennen" gleichzusetzen ist, also dass sie ihn, unabhängig von seiner Anwesenheit, ein Genie nennen. Unabhängig davon, dient der Ausruf der Übermittlung, der eigenen Bewunderung gegenüber Cro. In zwei Fällen könnte es auch anders gemeint sein. Wenn die „Leute" ihn nun direkt mit seinem Namen ansprechen, dann auf eine andere Person zeigen und diese als Genie bezeichnen würden, ihn also auf diese geniale Person aufmerksam machen würden oder, wenn das „Genie" auf einer ironischen Ebene zu verstehen wäre. Beispielsweise würde Cro etwas Dummes von sich geben und daraufhin sagen die „Leute": „Cro, das Genie". Doch wer sind die „Leute"? Eventuell sind es seine Freunde, jedoch ist es eher unwahrscheinlich, dass er sie „Leute" und nicht eben „Freunde" nennen würde. Es ist wahrscheinlicher, dass unterschiedlichste, vielleicht auch wildfremde Personen gemeint sind. In diesem Fall, wäre es eine Besonderheit, wenn sie ihn ein Genie nennen, da, wenn unterschiedlichste Menschen jemanden als Genie bezeichnen, diese Person sich doch zumindest auf irgendeine Art und Weise von seinen Mitmenschen abhebt. Es stellt sich die Frage, warum er ein Genie ist, was er denn besonderes kann.

Beantwortet wird diese Frage in der folgenden Zeile: „Denn er flowt wieder wie dieser Hova und außerdem baut er die Beats". Zu klären sind hier die Begriffe „flowt","Hova" und „Beats". „flowt" ist das Verb von „Flow", beschriebt also die Fähigkeit des Stimmeinsatzes und der Rhythmen der Sprache, „Hova" ist ein alternativer Künstlername des Rappers *Jay-Z* und „Beats" sind die Instrumentale, auf die gerappt wird und welche meist nicht von den Rappern selbst, sondern von den Beat-Producern produziert werden. Die Zeile ist zum Großteil recht eindeutig, er vergleicht seinen Flow mit dem eines international bekannten und angesehenen Rapper. Ob hiermit nur einfach hochgestapelt werden will, oder ob er damit deutlich machen will, dass sein Flow wirklich dem von Jay-Z ähnelt, ist nicht klar. Der andere Grund für seine Genialität besteht darin, dass er „die Beats" „baut".

Eine Frage, welche die Zeile aufwirft, ist die, wieso er sich selbst in der 3. Pers. Singular benennt. Dies wird eigentlich nur getan, um die Wichtigkeit der eigenen Person hervorzuheben. Diese Möglichkeit ist natürlich nicht unwahrscheinlich, eine andere Variante kann aber sein, dass die ganze Zeile eigentlich noch zu der Aussage der „Leute" gehört, dass sie also nicht nur „Cro, das Genie", sondern „Cro, das Genie, denn er flowt wieder wie dieser Hova und außerdem baut er die Beats" sagen. Da diese Satzkonstruktion grammatikalisch völlig falsch ist, ist die erste Variante jedoch wahrscheinlicher.

Darauf folgt ein „Easy" (zu Deutsch: leicht), welches aber nicht von Cro selbst gesagt wird, sondern dem gesampelten „Sunny" von Bobby Hebb entspringt. Welche Aussagekraft man diesem „Easy" beimessen soll, ist nicht leicht. Soll man davon ausgehen, dass es von Cro gesagt wird, oder ist es gewollt, dass es von einer dritten Person gesagt wird? Es scheint auch keinen näheren Bezug zu dem vorher gesagten zu haben, außer, dass Cro „die Beats" mit Leichtigkeit baut und es ihm überhaupt nicht schwer fällt, wie Jay-Z zu flowen.

Es lässt sich feststellen, dass diese ersten Zeilen keinen Inhalt haben, welcher für die Forschungsfrage relevant scheint, darum lässt sich diesbezüglich zu diesem Zeitpunkt noch keine Hypothese bilden. Auch die folgenden Zeilen:

> „Und dieser Typ hier vergleicht sich mit Jay-Z
> und scheißt auf die Playsi,
> denn ich häng' ab mit Rockstars,
> genauso wie AC/D-Easy"

scheinen keine Relevanz dafür zu haben, weswegen ich sie aus Sequenzanalyse außen vor lasse.

Die darauf folgenden zwei Zeilen: „Ich chill' im Bett mit 'ner Chick, die sieht aus wie die Sis von Beyoncé", scheinen schon besser zur Thematik zu passen. Was direkt auffällt, ist die saloppe, betont lässige Sprache, die hier verwendet wird. Cro „chill[t]", was ein in der Jugendsprache gängiges Synonym für rumhängen/abhängen ist, mit einer „Chick", was eine näher zu untersuchende Umschreibung für eine Frau ist und diese sieht aus wie die „Sis", (kurzform von Sister, zu Deutsch: Schwester) von der erfolgreichen Sängerin (und übrigens auch Ehegattin des zuvor erwähnten Rappers Jay-Z,) Beyoncé. Cro beschreibt sich also als im Bett liegend mit einer Frau, welcher der Schwester, der als sehr attraktiv geltenden Beyoncé, ähnlich sieht. Ob er nun hiermit einfach betonen will, dass die Frau in seinem Bett auch sehr attraktiv ist, oder sich tatsächlich auf die Schwester von Beyoncé, Solange Knowles, bezieht, ist unklar. So oder so will Cro damit wohl die Attraktivität der Frau bei ihm im Bett betonen. Diese Frau bezeichnet er als „Chick". Dieser Begriff wird in der Regel benutzt, um das gute Aussehen der Frau hervorzuheben, impliziert aber auch eine bestimmte Dynamik in der Beziehung zwischen ihm und ihr. Man verwendet diesen Begriff nicht, um eine Person mit höherem Status zu umschreiben, sondern er wird gewissermaßen ‚von oben herab' verwendet. Es stellt sich auch die Frage, was genau die Beiden miteinander machen. Cro sagt, sie chillen, was eigentlich bedeutet, dass sie miteinander abhängen, aber der Ort des Geschehens, das Bett, kann ein Hinweis auf sexuelle Aktivitäten sein. Würden sie dort wirklich dort abhängen, sich vielleicht unterhalten, geschähe dies vielleicht im Sitzen und er würde statt „im Bett" „auf dem Bett" sagen. Der zweite Teil des Vierzeilers lautet „Doch eigentlich geb' ich 'n Fick auf Frauen, wie Eazy-E". An dieser Stelle sei erst einmal festgehalten, dass sich bisher ein bestimmtes Schema durchzieht. Immer ein Vierzeiler ist ein Abschnitt, der mit einem Reim auf „Easy" endet.

Dieses „Easy" ist immer das Gesangssample von Bobbe Hebb, welches Cro als Wortteil für eigene Worte, wie z.B. „AC/D-Easy" oder hier eben den Namen des Rappers „Eazy-E" verwendet. Die Redewendung „einen Fick auf etwas geben" soll zum Ausdruck bringen, dass eine Sache keine Relevanz hat, bedeutet also ungefähr so viel wie „das ist mir egal". Interessant daran ist, dass eigentlich das genaue Gegenteil, nämlich „*keinen* Fick zu geben" dieses Desinteresse ausdrücken soll. Dies ist eine wörtliche Übersetzung des englischen „(I) don't give a fuck", welche sich fest eingebürgert hat. Die Umdrehung, wie Cro sie verwendet, für ein und dieselbe Bedeutung zu benutzen, kommt deutlich seltener vor, üblich ist wie gesagt eben das „keinen Fick geben". Daher könnte es natürlich theoretisch so sein, dass Cro betonen will, dass Frauen ihm eben nicht egal sind und sie ihn durchaus beschäftigen und er sich etwas aus ihnen macht. Das „Doch eigentlich" weist darauf hin, dass, es hier gleichbedeutend mit „keinen Fick geben" ist. Warum würde er sonst über eine Frau erzählen und dann betonen, dass Frauen ihn „Doch eigentlich" auch interessieren. Auch der Vergleich mit dem Rapper *Eazy-E* der Rap-Formation *N.W.A*, legt dies nahe, denn dieser ist bekannt für seine frauenverachtenden Texte. (vgl. usatfbmf.com) Dass Cro die Frauen nun egal sind, kann drei Dinge bedeuten: Erstens, dass er asexuell ist und darum kein Interesse an ihnen, oder zumindest an einer sexuellen Beziehung mit ihnen, verspürt. Zweitens könnte es bedeuten, dass er homosexuell ist, in diesem Falle wäre es jedoch sehr unwahrscheinlich, dass er sich mit dem „Chick" im Bett befindet, oder eben drittens, dass er damit zum Ausdruck bringen will, dass er zwar den Geschlechtsverkehr mit ihnen genießt, sie, als Menschen, ihm jedoch ansonsten eher gleichgültig sind. Wenn dieses Lied nicht weiterhin von seiner Homo- oder Asexualität handeln wird, sind diese beiden Varianten sehr unwahrscheinlich, weswegen wir vorläufig von der dritten Option ausgehen können.

Eine erste Hypothese kann lauten, dass auch Cro, als Vertreter des ‚guten' Rap, sexistische Inhalte präsentiert. In seinem Text lässt sich eine Hierarchie zwischen den Geschlechtern feststellen, oben befinden sich die Männer und darunter die Frauen, welche auf ihr Aussehen reduziert werden. Des Weiteren scheint nicht die Frau an sich von Interesse zu sein, sondern ausschließlich der Sex mit ihr, sie dient also nur der Befriedigung des Mannes.

Die erste Hälfte der nächsten vier Zeilen lautet: „Okay, das mit den Chicks tut mir Leid, es war nicht so gemeint". Hier liegt eine Entschuldigung für eine vorangegangene Aussage vor, Cro behauptet, er hätte es nicht so gemeint, wie er es gesagt hat. Er rudert hier sehr schnell zurück, das einleitende „Okay" klingt im

Zusammenhang mit der ganzen Zeile schon beschwichtigend. Die Frage ist, was ihm überhaupt genau Leid tut, denn „das mit den Chicks" kann sich auf zwei Dinge beziehen. Er könnte sich einerseits dafür entschuldigen, dass er die Frau mit dem Wort „Chick" beschreibt, oder aber es bezieht sich auf die Aussage, dass er eigentlich „'n Fick auf Frauen" gibt. Da er zuvor nur von einem „Chick" gesprochen hat, liegt die zweite Variante näher, denn sonst würde der Satz vielleicht eher „Okay, das mit dem ‚Chick' tut mir Leid, es war nicht so gemeint" lauten. Da er sich zuvor auf Frauen im Plural und nun auf die Chicks – ebenso im Plural – bezieht, meint er vermutlich die Aussage, nach der die Frauen ihm egal sind. In diesem Fall ist festzuhalten, dass „Chick" von ihm als normales Synonym für „Frau" verwendet wird. Somit sollte der vorherige Gebrauch des Wortes vielleicht nicht ihr gutes Aussehen zum Ausdruck bringen, sondern ist als, für ihn völlig gängige Begrifflichkeit, zu verstehen, welche einfach seine lässige, coole Art widerspiegelt, jedoch auch generell ein abwertendes Frauenbild durchblicken lässt. Unklar ist, ob die Aussage an mich als Hörer und somit an alle seine Mitmenschen gerichtet ist, oder speziell an die Frau, mit der er im Bett chillt. Die zweite Hälfte: „Kannst du mir noch mal verzeih'n, Ina? Und sie schreit: ‚Ich heiß' Isi.'", gibt darüber Aufschluss. Es ist wohl an die Frau aus dem Bett gerichtet, welche, wie wir nun erfahren, Isi heißt. Cro fragt sie im Zuge der Entschuldigung, ob sie ihm seine Aussage verzeihen kann, doch leider nennt er sie daraufhin beim falschen Namen, was sie richtigstellen will. Auf seine Entschuldigung geht sie gar nicht ein, das einzige was sie von sich gibt ist das „Ich heiß' Isi." Laut Cro sagt sie es jedoch nicht, sondern sie „schreit" es. Der Grund hierfür könnte entweder sein, dass er sie aus irgendeinem Grund schlecht verstehen kann oder, was wahrscheinlicher ist, dass sie sauer ist. Dafür gibt es zwei Gründe, einmal die Sache, für die er sich entschuldigen will, die Aussage bezüglich der „Chicks" oder die Tatsache, dass er sie beim falschen Namen nennt. Da ihre Aussage sich ausschließlich auf den Namen bezieht, geht es ihr wohl, zumindest in erster Linie, darum. Warum nennt er sie überhaupt beim falschen Namen? Entweder er macht es absichtlich, oder es ist ein Versehen und er hat ihn einfach vergessen. Da er eigentlich gerade versucht, sie zu beschwichtigen, ist es eher unwahrscheinlich, dass Absicht sein Motiv war. Es liegt nahe, dass er und sie sich noch nicht gut kennen und er sie darum beim falschen Namen nennt. Außerdem wird dadurch deutlich, dass, obwohl er sich in diesem Moment für seine Aussage entschuldigt, Frauen, oder zumindest diese eine, zu einem gewissen Grad egal sind, entspricht es doch einer gesellschaftlichen Norm, dass man irgendwas von einer Person, mit der man sexuell verkehrt, kennen sollte. Da dies hier nun nicht der Fall ist, kann man darauf schließen, dass

Cro häufig wechselnde Geschlechtspartnerinnen hat und er sich darum nur wenig bemüht, sich deren Namen zu merken.

Die Hypothese kann nicht widerlegt werden, an Frauen scheint nur der Sex interessant und das Frauenbild zeichnet sich durch einen abwertenden Charakter aus.

Der nächste Vierzeiler beginnt mit „Doch wenn sie plötzlich son' kleines Ding zeigt". Das „Doch" am Zeilenanfang deutet einen Bruch mit dem vorherigen an. Es könnte sein, dass sich ihre schlechte Laune wieder legt oder sonst irgendeine Änderung im Verlauf eintritt. Wenn man jedoch die ganze Sequenz betrachtet, scheint der Zusammenhang zum vorherigen nicht so richtig klar. Durch das „wenn" ist nicht mehr so ganz klar, ob es als einfache Erzählung oder als mögliches Zukunftsszenario weitergeht. Es könnte eben sein, dass die in der Vergangenheit geschehene oder Gegenwart geschehende Geschichte erzählt wird, oder aber dass Cro erzählt, was er machen oder raten würde, was in folgendem Szenario zu tun sei. Sofern das kleine Ding, welches sie nun zeigt, kein Namensschild ist, ist es unwahrscheinlich, dass es weiterhin um ihren Namen oder um Cros Entschuldigung geht. Man weiß nicht was gemeint ist, ein Ding verweist auf eine nicht näher beschriebene Sache oder Gegenstand. Man verwendet den Begriff oft, wenn man besagten Gegenstand nicht beim Namen nennen kann, da man diesen nicht kennt, aber es kann auch eine negative Konnotation, also eine geringe Wertschätzung des Gegenstands, in dem Begriff mitschwingen. Da die Stimmung zuvor wohl nicht gut war, könnte es sein, dass das kleine Ding etwas gern gesehenes, etwas positives ist, denn wie gesagt, leitet das „Doch" zu Anfang (irgend-)einen Wechsel ein. Eine Veränderung entsteht im Text dadurch, dass die Frau hier agiert. Bisher war sie entweder völlig passiv oder hat mit ihrem Schrei auf Cro *re*agiert. Nun schlüpft sie aber in eine aktive Rolle und bestimmt somit den Weitergang der Geschichte. Es geht weiter mit: „du eigentlich schon weißt, der zweite Strich heißt, es is' aus und vorbei". Ich als Hörer werde nun in Form von „du" direkt angesprochen. Das „du" muss jedoch nicht auf mich persönlich bezogen sein, es kann auch synonym zu „man" fungieren, man kann eine allgemein gültige Regel beispielsweise mit „du" präsentieren, somit fühlt man sich eher angesprochen und mit einbezogen. Es existieren wohl zwei Striche, von denen der zweite mir signalisieren soll, dass etwas zu Ende ist. Da die Frau ein „kleines Ding zeigt", ist es wahrscheinlich, dass die beiden Striche sich auf ebendiesem „Ding" befinden. Es fällt schwer, sich mehrere Dinge zu überlegen, die, sobald zwei Striche zu sehen sind, signalisieren, dass etwas „aus und vorbei" ist. Das einzige was in den Sinn kommt, bei dem zwei Striche eine bestimmte Bedeutung haben, ist ein Schwangerschaftstest. Ist dies der Fall, bedeutet es wohl, die Frau namens Isi ist schwanger. Ist sie es nun aber von Cro oder von einem anderen Mann? Cro sagt „es ist aus und vorbei", das bringt zum Ausdruck, das etwas zu Ende geht und zwar mit Nachdruck, hier wird ein eindeutiger Schlussstrich gezogen. Wird ein Ende mit „aus und vorbei" beschrieben, schwingt hier oftmals etwas Negatives, mindestens eine gewisse Dramatik, mit. Man kann dies nun so verstehen, dass Isi von einem anderen Mann schwanger ist und damit die Beziehung zwischen Cro und ihr „aus und vorbei" ist. Oder aber Cro ist selbst der Vater, sehr bestürzt über die Nachricht, da er das Kind nicht will und das Ende bezieht sich auf Leben ohne Kind, was vielleicht als sorglos betrachtet wird. Es kann auch sein, dass er aus diesem Grund die Beziehung zu der Frau beenden will und einer Rolle als Vater somit entgehen will. Wie wir uns erinnern, scheinen die Beiden ja keine ernsthafte Beziehung zu führen, da Cro gar nicht imstande ist, sich den Namen der Frau richtig zu merken. Unabhängig von der wahren Begründung für das Ende, ist die Situation zweifelsohne eine lebensverändernde, interessant ist, wenn man den letzten Teil des Vierzeilers betrachtet: „Bleib Easy", rät Cro hier. Dies heißt so viel wie, „bleib locker", „entspann dich", bildet somit einen Kontrast zum gerade Geschehenen. Da er die Frau gerade noch in der dritten Person Singular benannte, ist klar, dass er den Hörer anspricht. Das „Bleib Easy" ist wahrscheinlich dennoch an sich selbst gerichtet, er selbst macht sich klar, dass er in dieser Situation locker bleiben soll. Es kann aber auch sein, dass er es dem Hörer als Lehrstück präsentiert, wie dieser sich zu verhalten hat, wenn er in die beschriebene Lage gerät.

Die folgende Sequenz beginnt mit: „Und wenn sie heiraten will". Die Sache geht also rasant weiter und es ist immer noch nicht so ganz klar, ob die Sache eine Erzählung oder reine Fiktion, eine Überlegung, ist. Rasant ist die Sache darum, weil so plötzlich von Ehe die Rede ist, wo doch zuvor gar keine ernsthafte Beziehung zwischen den beiden zu existieren schien. Der Wunsch nach einer Heirat geht nicht von Cro, sondern von Isi aus, wie er dazu steht ist noch nicht ganz klar, das „aus und vorbei" von vorhin könnte jedoch ein Hinweis darauf sein, dass Cro dieser Heirat entgehen will. Weiter geht es mit „und nach drei Tagen chill'n schon dein ganzes Haus und deinen Leihwagen will, ersch-Easy (/erschieß sie)". Drei Tage nach der Hochzeit, in denen gechillt wurde, will sie wohl Cros Haus und seinen Leihwagen. Es könnte entweder sein, dass sie diese Dinge mitnutzen und mit ihm teilen will oder aber, dass sie sie ganz für sich alleine will. So oder so nimmt Cro sie als Parasit wahr, der die Hochzeit mit ihm nur seiner Besitztümer wegen will. Aus diesem Grund will er sie loswerden, auf sehr drastische Art und Weise – er will sie erschießen. Das Haus und der Leihwagen stehen wohl für seinen gesamten Besitz. Cro scheint die Situation als recht ausweglos zu empfinden, da ihm das Erschießen als erste Möglichkeit, ihr zu entkommen, in den Kopf kommt. So wie die Tatsache, dass Frauen ihm egal sind, deutet der Akt der Erschießung auf eine Gefühlskälte Cros hin. Es gilt auch zu bedenken, dass er mit der Erschießung nicht nur die Frau, sondern auch das eigene ungeborene Kind tötet. Da er dieses Verhalten auch dem Hörer zu raten scheint, entsteht der Eindruck, er empfände dies tatsächlich als adäquate Problemlösung.

Es geht weiter mit: „Doch das würd ich mich nich' trau'n, man das weiß ich genau". Schon das „Doch" weißt auf einen Wechsel hin, dieser findet auch statt in Bezug auf die Idee der Tötung. Er sagt er würde es sich nicht trauen, hier wird deutlich, dass diese Geschichte so nicht stattgefunden hat, sondern nur ein Szenario ist, welches Cro durchspielt. Er betont sehr, dass er sich dessen sicher ist, das Wort „man" wird in der Regel benutzt, um einer Aussage Druck zu verleihen. Er weiß genau, dass er die Tat nicht begehen würde, was von einer gewissen Selbstkenntnis zeugt, denn er scheint sich dessen vollkommen sicher zu sein. Doch weshalb traut er sich nicht? Die Antwort auf diese Frage verrät viel, denn vielleicht, hat er Angst vor einem echten schlechten Gewissen, vielleicht aber auch nur vor den rechtlichen Konsequenzen, welche er tragen müsste, würde er gefasst. Es findet sich kein Anhaltspunkt, der eine Variante wahrscheinlicher als die andere erscheinen lässt. Der Nachdruck, mit dem er die Tat ablehnt, verweist allerdings auch auf die Ernsthaftigkeit, mit der er die Idee in Erwägung zog, wäre der Plan der Tötung ein reiner Witz gewesen, hätte die Verwerfung dieses Plans vermutlich lockerer daher gesagt werden können. In den folgenden zwei Zeilen „Denn davor hau ich ab und sing „Runaway" wie Kany-Easy" benennt er nun eine neue Alternative um dem Problem zu entgehen. *Yeezy* oder auch *Kanyeezy* ist der Spitzname des US-amerikanischen Rappers *Kanye West*, von dem das Lied „Runaway" stammt. In diesem Lied besingt *Kanye West* die Flucht aus einer Beziehung. Er zieht dem Erschießen also vor, abzuhauen und dabei dieses Lied zu singen. Dies scheint die humanere Variante, erstens hat er somit ein reineres Gewissen, zweitens hat er mit schwächeren rechtlichen Konsequenzen zu rechnen. Nicht ganz klar ist, ob er wirklich das Lied „Runaway" singt oder ob dies nur ein Vergleich ist und er „*wie* Kany-Easy" „Runaway" singt, sich also eventuell nur auf dieses Wort reduziert. Singt er dabei das Lied, könnte dies ein Hinweis darauf sein, dass er dabei nicht glücklich ist, vielleicht auch sein Verhalten nicht für gut befindet, da das Lied insgesamt traurig und negativ ist. Stellt man sich allerdings vor, wie er nur das Wort „Runaway" auf seiner eigenen Flucht singt, besteht zumindest die Möglichkeit, dass er dies mit einem glücklichen und zufriedenen Gesicht macht, somit würde er in diesem Fall sein Verhalten wahrscheinlich nicht als verwerflich empfinden. Das Wort „Denn" leitet eigentlich eine Begründung dafür ein, weswegen er sich nicht traut, die Frau zu erschießen, allerdings macht die Flucht als Erklärung dafür wenig Sinn, sie stellt lediglich eine präferierte Alternative dazu dar.

Es geht weiter mit: „Und dann lauf' ich und lauf' ich, wohin is' noch offen" Hier verdeutlicht Cro, wie ernst es ihm ist, die Wiederholung von „lauf' ich und lauf' ich" macht klar, dass er sehr weit weg will, um eine sichere Entfernung von der Frau zu erreichen. Auch das „wohin is' noch offen" betont die Wichtigkeit weit weg von ihr zu kommen. Er will gar nicht lange überlegen wohin, das wichtigste scheint zu sein, dass er weit von ihr weg ist, um ein Ziel kann er sich noch kümmern wenn er unterwegs ist. Es steht also der Impuls im Vordergrund, außerhalb ihrer Reichweite zu sein, wodurch deutlich wird, wie wichtig ihm seine Unabhängigkeit ist. Er vernachlässigt lieber das, was von der Gesellschaft als seine Pflicht angesehen würde, um dafür in Freiheit zu sein. Auch der zweite Teil des Vierzeilers: „Am besten nur weit, weit weg, vielleicht Washington, D-Easy" betont die weite Strecke, die er hinter sich bringen will, er sagt nicht, er wolle weit weg, sondern es muss „wie, *weit* weg" sein. Als möglichen Fluchtort nennt er Washington, D.C., die Hauptstadt der USA. Einerseits ist dieser Ort wirklich sehr weit weg, er befindet sich auf einem ganz anderen Kontinent, andererseits stellt sich die Frage, ob es noch einen anderen Grund für diese Wahl gibt. Der Text offeriert jedoch keine möglichen Gründe hierfür.

Weiter geht es mit: „Und diese Frau war verrückt, denn sie hat mich erdrückt". Es wechselt also ein wenig das Thema. Es geht nicht mehr darum, wie er seinem Unglück entkommen kann, dieses Kapitel scheint für Cro abgeschlossen. Der Satz fühlt sich wie ein Resümee an und man spürt einen rechtfertigenden Charakter. Nachdem er nun ausführlich beschrieben hat, wie er ihr und dem Baby, also seinem Problem, entkommen will, bezieht er sich noch einmal auf dieses Problem und erläutert es. Er bezeichnet sie als verrückt. Dieser Begriff hat zwei unterschiedliche Bedeutungen. Man verwendet ihn einerseits um jemanden zu beschreiben, der viel Quatsch im Kopf hat und vielleicht gerne rumblödelt. Er wird jedoch auch für Personen verwendet, die ernsthafte psychische Probleme haben und somit vielleicht aus dem Blickwinkel einer durchschnittlichen Person irrational und unverständlich handeln. Diese Bedeutung von Verrücktheit hat also eine negativere Konnotation und wiegt schwerer. Als Begründung für ihre

Verrücktheit betont Cro, sie habe ihn erdrückt. In Anbetracht der Geschichte ist dieses Erdrücken höchstwahrscheinlich nicht als physisches Erdrücken zu verstehen, sondern Cro fühlt sich zu sehr von ihr eingenommen und seiner Unabhängigkeit und Freiheit beraubt. In Anbetracht dessen, passt das zweite, weniger „harmlose" Verständnis von Verrücktheit eindeutig besser. Das Wort „war" ist ein Hinweis darauf, dass die Geschichte nicht nur ein reines Gedankenspiel ist, sondern eine persönliche Erzählung. Die unterschiedlichen Zeitformen in dem Songtext sorgend für Verwirrung, zu Beginn wird im Präsens erzählt, dann folgt ein Sprung in den Konjunktiv, in ein fiktives Szenario, welches vermuten lässt, dass gerade ein Plan für die Zukunft entsteht und nun landet der Text in der Vergangenheitsform, indem auf den Anfang der Geschichte zurückgeblickt wird. Es ist also nicht ganz klar, ob die Flucht Cro schon hinter oder noch vor sich hat. Weiter geht der Text mit: „schreit ‚Cro, komm zurück!', doch ich schlüpf grad in die Air Y-Easy (/Air Yeezy) und verl-Easy (/verließ sie)" Auch hier ist bezüglich des Tempus ein gewisses Durcheinander zu erkennen. Er sagt im Präsens, dass er in seine Schuhe schlüpft, scheint also gerade am Abhauen zu sein, direkt im Anschluss jedoch folgt im Präteritum, dass er sie bereits verließ. Die Frau schreit, er solle zurückkommen, auch dadurch wird nicht klar, ob er noch da ist. Es kann eben sein, dass er sich in Hörweite befindet und sie somit tatsächlich versucht, ihn dazu zu bewegen, zurück zu ihr zu kommen und da zu bleiben, oder aber er ist schon längst fort und der Ruf geschieht aus reiner Verzweiflung und bringt zum Ausdruck, wie sehr sie sich alleine gelassen fühlt. Die Air Yeezy, in die er schlüpft, sind Schuhe, welche in Zusammenarbeit zwischen der Modemarke Nike und dem bereits erwähnten Rapper *Kanye West* designet wurden. Ob es einen Grund dafür gibt, dass es genau diese sind, ist unklar, allgemein werden im HipHop gerne Schuhe von Nike getragen. Nun nochmals zu den Zeitformen: Das „und verl-Easy/verließ sie" wirft hier einige Fragen auf. Dadurch, dass er hier mit „und" beginnt, macht es Sinn, dass eine Aktion gekoppelt an das Anziehen der Schuhe folgt. In diesem Fall müsste es jedoch „verlass sie" heißen. Da dies jedoch nicht der Fall ist, könnte es sein, dass die Flucht schon länger zurück liegt und er unabhängig in diesem Moment seine Schuhe anzieht. Eventuell sind dies seine Lieblingsschuhe und er will damit zeigen, dass es ihm nun, in Sicherheit vor der Frau, gut geht. In diesem Fall würde auch der Ruf ihrerseits den Schrei aus Verzweiflung heraus bedeuten.

Darauf folgt eine Einleitungszeile für den Refrain und daraufhin ebendieser. Die Zeile zwischen dem letzten Part und dem Refrain lautet: „und mach' iPod an und alles was ich hör' is':". Ob noch auf der Flucht, oder schon in Sicherheit, Cro hört sich nun Musik an, ob dies zur Entspannung geschieht, weil er unter Stress steht oder genau aus einer schon entspannten Stimmung heraus, ist noch unklar. Dazu verwendet er einen iPod, was die wohl verbreitetste Version eines MP3-Players ist. Das „alles was ich hör'" macht auf jeden Fall deutlich, dass er seine Umwelt ausblendet und seine Sorgen beiseiteschiebt.

Nun folgt zum Schluss der Refrain. Die ersten drei Zeilen lauten: „Sunny (ah, ah, ah, ah), ich weiß schon du heißt Easy (/Isi), aber is' mir egal" Der Name der Frau ist ihm also egal, was zu Beginn durch die Verwechslung des Namen ja schon deutlich wurde. Cro spricht hier, im Gegensatz zu den vorangegangenen Zeilen, die Frau an. Seine an den Hörer gerichtete Erzählung könnte nun also fertig sein. Allerdings sagt er zuvor, dass er dies aus seinem iPod hört, es ist also nicht klar, dass diese Worte überhaupt von ihm stammen. Es könnte theoretisch einfach ein Lied sein, das zu seiner Situation passt, jedoch existiert außer Cros „Easy" kein Lied mit diesem Text, was bedeutet, dass er selbst es extra aufgenommen haben müsste. Cro müsste theoretisch während ihm noch die Geschichte passiert, schon das Lied hören, in welchem er sie erzählt. Diese Interpretation ist ein wenig wirr, weswegen man hier einfach davon ausgehen sollte, dass dies ein kleiner Witz ist, dem man keine größere Bedeutung schenken muss, ohnehin ist er für die Forschungsfrage irrelevant.

Nachdem er also zuvor ausversehen den falschen Namen nannte, mit „Ina" jedoch nicht allzu weit von „Isi" weg lag, gibt er nun zu, dass der Name ihm egal ist und er sie einfach „Sunny" nennt. Wie wir uns erinnern, ist dies auch der Titel des gesampelten Stücks, welches ein klassisches Liebeslied ist, in dem die besungene Frau auch Sunny heißt. Vielleicht nennt Cro Isi also Sunny, weil er sich wünscht, dass sie mehr wie Sunny aus Bobby Hebbs Lied wäre. Vielleicht gibt es aber auch keinen tieferen Grund und ihm gefällt einfach der Klang des Namens. Der Refrain geht weiter mit: „Ich nenn dich lieber Sunny (ah ah ah ah ah), ab jetzt wird alles easy, denn du bist nicht mehr da" Cro ist also erfolgreich entkommen und ist froh darüber. „jetzt wird alles easy", alles wird leicht für ihn, denn Isi ist nicht mehr da. Genau genommen, ist er nicht mehr da, denn der Erzählung nach, ist er geflüchtet und sie an Ort und Stelle geblieben. Zumindest weiß man mit Sicherheit, dass Cro die Flucht vor Isi und ihrem gemeinsamen Kind gelungen ist.

Die anfängliche Hypothese konnte nicht falsifiziert werden. Die präsentierten Rollenbilder zeichnen sich durch gängige Klischees aus, so besteht eine Hierarche zugunsten des männlichen Geschlechts zwischen Mann und Frau. Frauen werden von oben herab als „Chick" bezeichnet und auf ihr Aussehen reduziert.

So wird das gute Aussehen der beschrieben Frau betont, was, wie schon bei Shindy, eine Form des benevolenten Sexismus ist. Während der Mann nur interessiert am körperlichen Vergnügen ist, scheint die Frau auf eine tiefergehende Bindung Wert zu legen, was durch ihre Entrüstung über seine Unkenntnis ihres Namens angedeutet wird. Des Weiteren versucht sie ökonomischen Nutzen aus ihm zu ziehen, wird also als sogenannter „Gold Digger" dargestellt. Die Selbstverständlichkeit mit der Cro vor der Verantwortung des Daseins als Vater flieht, stellt zwar kein traditionelles Rollenbild dar, impliziert jedoch das durchaus gängige Klischee, welches Frauen zur Kindererziehung verpflichtet.

7.3.　Interpretation der Ergebnisse

Nach der Analyse zeigt sich, dass in beiden Texten Sexismus zu finden ist, nur sind diese unterschiedlich offensichtlich. Im ‚schlechten' Rap offenbaten sich diese schneller, da die Wortwahl generell härter ist. So werden Frauen hier unverblümt als „Bitch" bezeichnet, während im ‚guten' Rap hierfür der Begriff „Chick" verwendet wird. Beide Begrifflichkeiten implizieren eine Herabwürdigung des weiblichen Geschlechts, jedoch ist „Chick" im Gegensatz zu „Bitch" nicht per se eine Beleidigung, es klingt freundlicher und kann durchaus positiv gemeint sein, um beispielsweise die Schönheit hervorzuheben, allerdings ist es eben kein Begriff mit dem eine Person auf gleicher Augenhöhe beschrieben wird. In beiden Texten werden Frauen auf ihr Aussehen reduziert und haben in erster Linie die Aufgabe, Männer zu befriedigen. Im ‚schlechten' Rap geschieht dies besonders mit dem Ziel um das Männerbild des starken, überlegenen Mannes, der sich alles nehmen kann, was er will, darzustellen. Im ‚guten' Rap ist diese Tendenz nicht so sehr zu erkennen, auch ist die Rolle der Frau hier viel weniger fest definiert. Während bei *Shindy* die Frau eindeutig der gefügigen und willigen Schlampe einnimmt, werden bei *Cro* mehrere Klischees vermischt. Einmal wird sich auf deren überzogene Emotionalität Bezug genommen, dann wird sie als Gold Digger dargestellt, versucht also ökonomischen Nutzen aus *Cro* zu ziehen und schlussendlich wird implizit ihre Pflicht zur Kindererziehung thematisiert. Ein Unterschied besteht darin, dass zwar in beiden Texten eine Frau, welche ausschließlich für Sex gut ist, favorisiert wird, jedoch füllt nur die von *Shindy* beschriebene diese Rolle aus, die von *Cro* beschriebene bricht daraus aus, was ihr daraufhin jedoch zum Vorwurf gemacht wird. Im ‚guten' wie auch im ‚schlechten' Rap findet sich auch benevolenter Sexismus. Der zuvor untersuchte Begriff „Chick" könnte unter diese Kategorie fallen, soll er doch das gute Aussehen betonen, führt aber eben eine Reduzierung genau darauf mit sich. Wie bereits beschrieben findet sich auch im ‚schlechten' Rap der benevolente

Sexismus und zwar in der gleichen Form, indem die Frau als außerordentlich attraktiv beschrieben wird, was aber auch impliziert, dass fehlende Attraktivität als minderwertig empfunden wird. Schlussendlich bleibt jedoch festzuhalten, dass die offensichtliche Erniedrigung der Frau im Textbeispiel des ‚schlechten‘ Rap eine viel größere Rolle spielt, als im ‚guten‘.

Abschließend zur Interpretation, sind hier noch einige Anmerkungen zu machen. So ist es wichtig im Kopf zu behalten, dass Rap-Texte in aller Regel nicht für bare Münze genommen werden dürfen. Wie schon beschrieben, sind die Übertreibung und die harte Wortwahl fester Bestandteil von Rap, es muss unterschieden werden zwischen der Rap-Persona in den Texten und der wahren Persönlichkeit des Rappers. Außerdem sollte beachtet werden, dass im HipHop häufig der Reim vor dem Inhalt steht, also eventuell einzelne Worte in erster Linie des Reimes wegen gewählt wurden und eine Interpretation jener Worte irreführend sein kann. Diese Tatsache ist besonders bei „Easy“ zu beachten, da hier die Idee, jede vierte Zeile auf dem „easy“-Sample enden zu lassen, eine gewisse Begrenzung der Möglichkeiten mit sich bringt. Des Weiteren ist klar, dass die beiden Texte, die nur einen kleinen Teil des Gesamtwerks der beiden Rapper darstellen, nicht als repräsentativ für jene gelten können. Viel weniger noch können sie als repräsentativ für die gesamte Rap-Szene gelten, die schwer überschaubar ist und sich in unzähligen Strömungen verliert.

8. Fazit

Abschließend folgt ein Fazit um alles zusammenzufassen, was in der Arbeit behandelt wurde.

Der Forschungsstand beschreibt sehr stark sexistische Inhalte im Rap. Es wird verwiesen auf ein traditionelles und sehr stark abwertendes Frauenbild. Frauen dienen in erster Linie dazu, das Bild des starken Mannes zu manifestieren, indem sie objektiviert werden und unterwürfig gegenüber den männlichen Rappern dargestellt werden. Das Männerbild ist nicht weniger einseitig, so gelten Homosexualität und damit verbunden, Anzeichen von Schwäche, als unmännlich, einzig Stärke und Durchsetzungsvermögen werden anerkannt. Weibliche Rapperinnen befinden sich in einem Spannungsfeld, oftmals stehen sie zwischen dem Einfügen in das bestehende Rollenbild und der Zerstörung ebenjenes Rollenbildes.

Nach der durchgeführten Songtextanalyse zeigt sich, dass sowohl im ‚schlechten‘, als auch im ‚guten‘ Rap Sexismen zu finden sind, nur sind diese unterschiedlich offensichtlich. Im ‚schlechten‘ Rap offenbaren sich diese schneller, da die Wortwahl generell härter ist. So werden Frauen hier unverblümt als „Bitch“ bezeichnet, während im ‚guten‘ Rap hierfür der Begriff „Chick“ verwendet wird. Beide Begrifflichkeiten implizieren zwar eine gewisse Herabwürdigung des weiblichen Geschlechts, doch ein explizit beleidigender Charakter steckt nur im Begriff der „Bitch“. In beiden Formen werden Frauen auf Äußerlichkeiten reduziert und sollen im Grunde als Objekte zur sexuellen Befriedigung des Mannes dienen. Da sie nur im ‚schlechten‘ Rap in dieser Rolle bleibt, wird dadurch deutlich, dass das Bild des starken Mannes hier von größerer Bedeutung ist. Der Rapper hat hier die Kontrolle und die Frau fügt sich, während dies dem ‚guten‘ Rapper nicht gelingt. Der grundlegendste Unterschied ist jedoch die unterschiedliche Wortwahl der beiden Rapper, da sich der Sexismus im ‚schlechten‘ Rap durch die harten Begrifflichkeiten einfach sehr direkt zeigt.

Eine Abschließende Feststellung lautet also, dass sich die präsentierten Rollenbilder nicht so sehr unterscheiden, wie angenommen, so ist zumindest das Frauenbild sehr ähnlich.

Da Rap in der Öffentlichkeit oft sehr moralisierend debattiert wird, ist die strikte Unterscheidung zwischen diesen beiden Gruppen kontraproduktiv. Jedoch wurde hier nur Sexismus betrachtet und nicht beispielsweise der Aspekt der physischen Gewalt, vielleicht würde sich bei einer Untersuchung dessen ein deutlicher Unterschied zeigen. Vor dem Hintergrund, dass ein fragwürdiges Frauenbild im ‚schlechten‘ Rap vermittelt werden soll, ist jedoch zu bemerken, dass sie dieses im ‚guten‘ nicht so sehr unterscheidet, wie zuerst vermutet. Wichtig wäre nun, die Wirkung auf Rezipienten genauer zu untersuchen, also in wie weit sich Jugendliche insgesamt von den Texten beeinflussen lassen und wie sich dies zwischen den beiden Gruppen unterscheidet. Schließlich ist die Befürchtung, dass zweifelhafte Werte vermittelt werden ein hauptsächlicher Grund für die Unterscheidung zwischen dem ‚guten‘ und ‚schlechten‘ Rap.

9. Interviewauszüge

Im Rahmen der Bachelorarbeit habe ich mit der Rapperin Sookee, die sich intensiv mit der behandelten Thematik auseinandersetzt, ein Interview geführt. Hier folgen nun die Textstellen, auf die ich mich in der Bachelorarbeit bezogen habe.

„Also es geht einmal um Repräsentation und es geht um Symbole und Inhalte, also Rap muss sexistisch sein, weil ich weiß nicht, wie man sonst, diese 2% Frauenanteil oder so erklären will. Oder noch weniger, also eigentlich bräuchte man mal so eine qualitative Untersuchung, die wirklich mal eine konkrete Zahl nennt, weil grade auch im Zuge von Quoten und so weiter kann man sowas dann doch auch ganz gut auszählen.“

„Es geht halt immer um Unterwerfung, es geht immer um eine Unterwerfung des Gegenübers und selbst so eine vermeintlich weichgespülten Hipsternulpe wie Cro, macht auch nichts anderes. Also ich weiß nicht, ob du dir mal seinen Hit „Easy“ angehört hast, worum es da geht, hast du den zufällig im Ohr? Ja das war dieses Video, wo diese Frauen auftauchen, also er sozusagen von einer Frau gespielt wird, ne? Der Song erzählt ja nur davon, dass er diese hübsche Frau hat, deren Namen er sich aber gar nicht merkt. Es gibt zwei Stellen wo er verpeilt, wie sie heißt, sie wird schwanger, er hat kein Bock auf das Kind und er haut ab. Das ist die Geschichte, sie steht da mit einem Schwangerschaftstest und er weiß, das ist der Moment, wo er reinhaut, während sie natürlich ihn heiraten will und ihn natürlich in einen goldenen Käfig sperren möchte und sofort ihn ökonomisch ausnehmen möchte und er haut halt ab und dann ist alles easy, weil er jetzt wieder frei ist, also das ist die Geschichte. Und natürlich werden da keine Mütter gebumst, so in dem Song, in der sprachlichen Ebene, aber faktisch geht's darum, dass er eine Frau geschwängert hat, deren Namen er nicht mal weiß und dass er abhaut, das ist die Geschichte von dem Lied. Weißt du was ich meine? Also die Sexismen liegen gar nicht ausschließlich in der Begrifflichkeit und so weiter, woran sich so eine Medienöffentlichkeit immer aufgeilt, dass die Begriffe so krass sind und so weiter. Auch in anderen Kontexten findest du das halt dass es halt entweder explizit sexistische, sexualisierte, sexualgewaltförmige Sprache ist, oder dass selbst wenn das nicht der Fall ist und das nicht so vordergründig ist, die Narration eben mitbringt, dass auch da Frauen im besten Fall hübsch anzusehen sind.“

„Die Bilder von Männlichkeit sind dahingehend irgendwie vielfältiger, dass sie eben auch von Nicht-Männlichkeit erzählen, aber eben in einer Abwertung. Es gibt natürlich die Schlappschwänze, die Toys, die Langweiler, die Hässlons und so weiter, aber die dürfen halt nicht so sein, wie sie sind, die sind ja keine richtigen Menschen, die sind halt sozusagen auf einer Ebene mit Frauen, also es gibt ja das Gegenüber, das Andere, über das man sich selbst konstituiert, indem man es abwertet, aber das kann halt nicht neutral behandelt werden, also genauso wie natürlich auch Homosexualität behandelt wird, aber nur in der Abwertung, oder in einer Freakform.“

Literaturverzeichnis

Bayer, F. 2012: Deutscher HipHop-Newcomer Cro: Carlo, das süße Pandabär-
chen. In „Spiegel Online": http://www.spiegel.de/kultur/musik/der-
deutsche-newcomer-rapper-cro-a-824077.html [Stand 18.06.2015]

Beauvoir, S. d. 2000: Das andere Geschlecht. Sitte und Sexus der Frau. Reinbek
bei Hamburg: Rowohlt-Taschenbuch-Verl.

Becker, R., Kortendiek, B. (Hg.). 2010: Handbuch Frauen- und Geschlechterforschung. Wiesbaden: Springer Fachmedien.

Bischof-Köhler, D. 2011: Von Natur aus anders. Die Psychologie der Geschlechtsunterschiede. Stuttgart: Kohlhammer.

Buchen, S., Helfferich, C., Maier, M. S. (Hg.). 2004: Gender methodologisch.
Empirische Forschung in der Informationsgesellschaft vor neuen Herausfor-
derungen. Wiesbaden: VS Verlag für Sozialwissenschaften/ GWV Fach-
verlage GmbH.

Bundesprüfstelle 2013: Rap-CD „NWA" des Interpreten „Shindy" indiziert in:
http://www.bundespruefstelle.de/RedaktionBMFSFJ/RedaktionBPjM/PDFs
/BPJMAktuell/bpjm-aktuell-201303-rap-cd-nwa (19.07.2013) [Stand
18.06.2015]

Bundeszentrale für politische Bildung 2014: Stereotypen und Vorurteile. In:
http://www.bpb.de/lernen/grafstat/130843/m-01-06-vorurteile-und-
stereotypen (21.05.2014) [Stand 18.06.2015]

Chartsurfer: Nummer 1-Alben Deutschland 2015. In:
http://www.chartsurfer.de/musik/album-charts-deutschland/nr-1-
alben/2015.html [Stand 18.06.2015]

Eckes, T. 2010: Geschlechterstereotype: Von Rollen, Identitäten und Vorurtei-
len. In R. Becker, B. Kortendiek (Hg.), Handbuch Frauen- und Geschlechterforschung. Wiesbaden: Springer Fachmedien, 178–189.

Felber, C. 2008: Die soziale Konstruktion von Geschlechtern im Rap: GRIN
Verlag.

Fiske, S. T., Glick, P. ©1999: Sexism and other "Isms": Interdependence, Status,
and the Ambivalent Content of Stereotypes. In W. B. Swann, J. Langlois,
L. A. Gilbert (Hg.), Sexism and stereotypes in modern society. The gender
science of Janet Taylor Spence. Washington, DC: American Psychological
Association, 193–221.

Fiske, S. T., Glick, P. 2001: An Ambivalent Alliance. Hostile and Benevolent Sexism as Complementary Justification for Gender Inequality. American Psychologist, 56 (2), 109–118.

Friedrich, M., Klein, G. 2003: Is this real? Die Geschichte des HipHop. Frankfurt am Main: Suhrkamp.

Funk-Hennigs, E. 2003: Musikvideo im Alltag: Geschlechtsspezifische Darstellungsweisen. In D. Helms, T. Phelps (Hg.), Clipped differences. Geschlechterrepräsentationen im Musikvideo. Bielefeld: transcript, 55–67.

Funk-Hennigs, E. 2011: Gender Sex und populäre Musik. Drei Fallbeispiele. In D. Helms, T. Phelps (Hg.), Sex und populäre Musik. Bielefeld: transcript, 97–112.

Gossmann, M.: "Witz schlägt Gewalt"? In M. Dietrich, M. Seeliger (Hg.), Deutscher Gangsta-Rap. Sozial- und kulturwissenschaftliche Beiträge zu einem Pop-Phänomen, 85–107.

Grimm, S. 1998: Die Repräsentation von Männlichkeit im Punk und Rap. Tübingen: Stauffenburg.

Haas, D. 2014: Gib dir die Kugel. Haftbefehl ist der deutsche Dichter der Stunde; in „Die Zeit“: http://www.zeit.de/2014/49/haftbefehl-csu-wahlkampf-plakat (27.11.2014) [Stand 18.06.2015]

Hamburger Abendblatt 2013: "Stress ohne Grund" indiziert - Bushido reagiert lakonisch in http://www.abendblatt.de/vermischtes/article118123426/Stress-ohne-Grund-indiziert-Bushido-reagiert-lakonisch.html (17.07.2013) [Stand 18.06.2015]

hiphop.de 2013: Shindy offenbar bei Bushido/ersguterjunge gesignt in: http://hiphop.de/magazin/news/shindy-offenbar-bei-bushidoersguterjunge-gesignt-181613#.VYPU_EZJPIV (14.03.2013) [Stand 18.06.2015]

Hörner, F., Kautny, O. 2008: Mostly tha Voice! Zur Einleitung. In F. Hörner, O. Kautny (Hg.), Die Stimme im HipHop. Untersuchungen eines intermedialen Phänomens. Bielefeld: transcript, 7–22.

Janke, K., Niehues, S. 1995: Echt abgedreht - Die Jugend der 90er Jahre. München: C.H.Beck.

Jensen, H. 2005: Sexualität. In C. von Braun, I. Stephan (Hg.), Gender @ Wissen. Ein Handbuch der Gender-Theorien. Köln: Böhlau.

Konnertz, U. 2005: Simone de Beauvoir: Das andere Geschlecht. In M. Löw, B. Mathes (Hg.), Schlüsselwerke der Geschlechterforschung. Wiesbaden: VS Verlag für Sozialwissenschaften, 26–58.

Kölner Stadt Anzeiger 2014: 14.000 feiern mit Panda-Rapper Cro. in http://www.ksta.de/koeln/-konzert-in-koeln-rapper-cro-taucht-lanxess-arena,15187530,29178010.html (27.11.2014) [Stand 18.06.2015]

Kreitewolf, S. 2014: Das Erfolgsrezept der Skandal-Rapper. In „Handelsblatt": http://www.handelsblatt.com/meinung/kommentare/meinung-das-erfolgsrezept-der-skandal-rapper/11120530.html (16.12.2014) [Stand 18.06.2015]

Musikexpress 2013: http://www.musikexpress.de/news/meldungen/article448337/cro-kay-one-bushido-sido-die-30-erfolgreichsten-rapper-auf-facebook.html (22.07.2013) [Stand 18.06.2015]

Peschke, A. 2010: HipHop in Deutschland. Analyse einer Jugendkultur aus pädagogischer Perspektive. Hamburg: Diplomica.

Rapupdate 2015: Die 5 deutschen Rapper mit den meisten weiblichen Fans. In: http://www.rapupdate.de/die-5-deutschen-rapper-mit-den-meisten-weiblichen-fans/ (09.04.2015) [Stand 18.06.2015]

Richter, P. 2008: Deutscher Gangsterrap. Kannst du stecken lassen. in „Frankfurter Allgemeine Zeitung": http://www.faz.net/aktuell/feuilleton/pop/deutscher-gangsterrap-kannst-du-stecken-lassen-1514484.html (20.01.2008) [Stand 18.06.2015]

Saied, A. G. 2012: Rap in Deutschland. Musik als Interaktionsmedium zwischen Partykultur und urbanen Anerkennungskämpfen. Bielefeld: transcript.

Schwendter, R. 1993: Theorie der Subkultur. Hamburg: EVA Europäische Verlagsanstalt.

Seeliger, M.: Kulturelle Repräsentation sozialer Ungleichheiten. Eine vergleichende Betrachtung von Polit- und Gangsta-Rap. In M. Dietrich, M. Seeliger (Hg.), Deutscher Gangsta-Rap. Sozial- und kulturwissenschaftliche Beiträge zu einem Pop-Phänomen, 165–185.

Spiegel Online 2013: Gewaltaufruf in neuem Lied: Wowereit will Bushido anzeigen. In: http://www.spiegel.de/kultur/musik/stress-ohne-grund-wowereit-will-bushido-anzeigen-a-910954.html [Stand 18.06.2015]

Toop, D. 1992: Rap attack. African Jive bis Global HipHop. St. Andrä-Wördern: Hannibal-Verl.

Wernet, A. 2009: Einführung in die Objektive Hermeneutik. Wiesbaden. Verlag für Sozialwissenschaften.

Wiswede, G. 1977: Rollentheorie. Stuttgart: Kohlhammer.